우리 한국 구전 신화

신들이 일갈하다

신들이 일갈하다
우리 한국 구전 신화

초판 1쇄 발행 2024년 4월 30일

지은이 윤선태
펴낸이 장길수
펴낸곳 지식과감성#
출판등록 제2012-000081호

교정 김나현
디자인 오정은
편집 오정은
검수 이주희, 정윤솔
마케팅 김윤길, 정은혜

주소 서울시 금천구 벚꽃로298 대륭포스트타워6차 1212호
전화 070-4651-3730~4
팩스 070-4325-7006
이메일 ksbookup@naver.com
홈페이지 www.knsbookup.com

ISBN 979-11-392-1797-1(03810)
값 10,000원

- 이 책의 판권은 지은이에게 있습니다.
- 이 책 내용의 전부 또는 일부를 재사용하려면 반드시 지은이의 서면 동의를 받아야 합니다.
- 잘못된 책은 구입하신 곳에서 바꾸어 드립니다.

 지식과감성#
홈페이지 바로가기

틈틈이 연구하며 구전 신화의 신들을 중심으로 시로 표현해 보았다.
그 결과물을 이제 한 권의 시집으로 엮어 세상에 내놓는다.

우리 한국 구전 신화
신들이 일갈하다

윤선태 시집

작가의 말

신화를 좋아해 늘 가까이하며 지냈다. 그 결과물 중 하나가 그리스 신화의 등장인물을 소재로 노래한 『사랑의 신화를 노래하다』이다.

우리 한국 신화를 시로 노래할 수는 없을까?

개인적으로 갖고 있던 오랜 숙제였다.

그러면서 틈틈이 연구하며 구전 신화의 신들을 중심으로 시로 표현해 보았다.

그 결과물을 이제 한 권의 시집으로 엮어 세상에 내놓는다.

이 일이 우리 한국 신화에 누가 되지 않기를 바랄 뿐이다.

차례

작가의 말 ··· 5

제1부 가신들의 일갈

고사 - 가신들을 위하여 ································· 12

성주풀이 - 성주신 ······································· 15

불을 지켜라 - 조왕신 ··································· 17

비나이다 - 칠성신 ······································· 19

집터 지킴이 - 터주신 ··································· 21

문 지킴은 내 운명 - 문왕신 ···························· 23

생명 탄생 - 삼신 ·· 25

하늘은 우리가 지킨다 - 오방신 ························· 27

곳간의 재물을 지켜라 - 업왕신 ························· 29

말라 버린 우물 - 우물신 ································ 31

소 찬양 - 우마신 ·· 33

조상신이 되다 - 말명신 ································· 35

장맛을 이어라 - 철용신 ································· 39

뒷문엔 내가 있다 - 뒷문신 ······························ 41

면목이 없네 - 잡신 ······································ 43

헛기침하세요 - 측간신 ·································· 45

제2부 천상 신들의 일갈

천지왕 본풀이 - 옥황상제 ················· 48

천지창조 1 - 창세신 미륵 ················· 50

천지창조 2 - 마고할미 ················· 52

인류의 조상 - 남매 혼 신화 ················· 55

아름다움의 원형 - 선녀 ················· 58

영원히 살고 싶어요 - 수명신 ················· 60

복 많이 지으세요 - 운명신 ················· 63

팔자야, 내 팔자야 - 액막이신 ················· 66

자식 자랑은 하지 마세요 - 복신 ················· 69

욕심을 버려라 - 병막이신 ················· 72

가끔 낮달이 뜨는 것은 - 일월신 ················· 75

부모 찾아 삼만 리 - 계절신 ················· 78

적선을 쌓아라 - 활인적선의 신 ················· 82

하늘나라 사랑 이야기 - 견우와 직녀 ················· 85

꽃의 이름으로 1 - 꽃감관 ················· 89

꽃의 이름으로 2 - 할락궁이 ················· 91

제3부 이승 신들의 일갈

이승을 위하여 - 소별왕 ················· 94
땅은 모두의 것이다 - 땅신 ················· 96
그 자리에 그렇게 서 있다 - 장승 ················· 98
신비의 나라 - 도깨비신 ················· 100
노래하며 춤춰라 - 창부대신 ················· 102
풍악을 울려라 - 악기의 신 ················· 104
마을은 내가 지킨다 - 서낭신 ················· 106
바람 올리다 - 바람신 ················· 109
사랑과 전쟁 - 군웅신 ················· 111
산에 올라라 - 산신 ················· 114
부모는 셋 - 마마신 ················· 116
광청아기, 송동지 집안에 자리하다 - 조상신 ················· 118
이제는 날고 싶다 - 솟대 ················· 121
모정은 죽음도 막을 수 없다 - 허웅애기 ················· 123
변명 - 질투와 불화의 신 ················· 125
자청비의 사랑 이야기 - 농신 ················· 127

제4부 저승 신들의 일갈

저승에서 이승으로 - 대별왕 ·············· 138

오구굿 - 바리공주 ························ 141

나들이 가세 - 저승길신 ·················· 149

이젠 저승에 들고 싶어요 - 객귀 ············ 151

착하게 살라 - 고지기 ···················· 153

신발을 조심해 - 야광귀 ·················· 155

지옥문 비렁뱅이 - 과양상 ················· 158

길 떠나자, 망자여 - 저승 삼차사 ············ 161

첫 관문은 가볍게 - 저승 일 시왕 진광대왕 ······ 164

내 사전에 자비란 없다 - 저승 이 시왕 초강대왕 ··· 166

사랑을 심판하다 - 저승 삼 시왕 송제대왕 ······ 168

오계(五戒)를 지켜라 - 저승 사 시왕 오관대왕 ···· 170

시왕을 대표하다 - 저승 오 시왕 염라대왕 ······ 172

네 가까이에 있다 - 저승 육 시왕 변성대왕 ······ 175

윤회의 길을 점검하다 - 저승 칠 시왕 태산대왕 ··· 178

영혼은 평등하다 - 저승 팔 시왕 평등대왕 ······ 180

심판의 날이 끝나 간다 - 저승 구 시왕 도시대왕 ·· 182

윤회의 길 - 저승 십 시왕 오도전륜대왕 ········ 184

제1부
가신들의 일갈

고사
- 가신[1]들을 위하여

고사를 지낸다
어머니가 고사를 준비하고
할머니가 고사를 올린다

집안의 안녕과 추수 감사를 위해
올해도 어김없이 음력 시월상달
가을걷이가 얼추 끝날 즈음에
고사를 드린다

멥쌀가루에 고물 없는 백설기도 좋고
찹쌀가루에 켜를 지어 안친 시루떡도 괜찮다
정성껏 한 시루 쪄 놓고
술 한 잔 올린 후

---

1) 가신(家神)은 집에 존재한다는 신이다. 집에는 다양한 공간이 있고, 곳곳마다 신들이 있다는 믿음에서 형성된 것이 가신 신앙이다. 예전에는 가을 추수가 끝날 즈음에 이런 가신들께 떡을 해 놓고 풍요와 행운을 빌며 고사를 지내는 것이 일반적이었다. 가택신이라고도 한다.

단정히 무릎 꿇고 앉아
두 손 모아 빌고 빌며
가신들께 축원한다

　　비나이다, 비나이다
　　가신님들께 비나이다
　　금년에도 우리 가정 돌봐 주시어
　　가족 모두 무탈하고
　　한 해 농사 풍년 됨을 감사드리옵니다
　　내년에도 변함없이 함께하시기를
　　간절히 비옵고 바라옵니다

으뜸인 성주신부터 조왕신·칠성신
터주신·문왕신·삼신·오방신
업왕신·우물신·우마신·말명신
철융신·뒷문신·잡신·측간신까지
집안 곳곳에 모셔 둔 신줏단지에
떡을 올리고 가신들을 위한다

고사를 마치면
남은 고사떡과 술은

이웃과 나눔을 잊지 않고
온 가족 둘러앉아
먼 옛날 우리 한국 구전 신화 신들의 얘기로
이야기꽃을 피운다

성주풀이
– 성주신[2]

땅 세상 황산들은 내 고향
목수로 그럭저럭 사는 나 황우양에게
짬도 주지 않고 일방적으로
하늘 천하궁 짓는 일을 맡기시니
난감하고 막막했었지

내색도 못 하고 혼자
끙끙 앓고 있는데
사랑하는 아내 막막부인이 있어
각종 연장을 만들고 벼려 주며
행장을 챙겨 무사히 다녀오라 당부하니
갈 길이 바쁘고 조심스러웠네

무거운 마음으로 들판을 지나다가

---

[2] 성주신(城主神)은 가신 중 으뜸인 신이다. 집을 짓고 연장 만드는 법을 가르치며 건물을 지킨다고 믿었다. 성(城)의 주인이라는 의미에서 성주라 한다. 상량신, 성조, 성주대신이라고도 한다.

소진랑[3]의 계략에 말려들어
나 없는 동안 아내가 어려움을 겪었으나
덕분에 천하궁을 순식간에 짓고 돌아와
그를 잡아 서낭당 돌 항아리에 가두니
세월 참 빠르고 즐겁구나

이제 나는 하늘이 내린 성주신
기와집에도 성주요
초가집에도 성주이며
움막까지 성주이니
언제든 연장을 만들고 벼려
집 짓는 법을 전수하리라

어떤 집이든 깃들어
가정의 우두머리 신으로
아무 탈 없도록 도와줄 것이니
남의 집에 허락 없이 드나들지 마라
누구든 남의 사생활 침범하지 마라

---

3) 소진랑은 소진들에서 축대 쌓는 일을 하던 사람이었다. 황우양을 속여 그의 아내를 취하려 했으나, 오히려 그에게 잡혀 서낭당 돌 항아리에 갇혀 있다가 서낭신으로 눌러앉았다. 「마을은 내가 지킨다 - 서낭신」 참고.

불을 지켜라
– 조왕신[4]

나는 조왕신 여산부인

각 가정의 부엌에 정좌해

집안의 좋고 나쁜 일

복스러움과 불길함을 함께하며

일용할 양식과 행복을 안기는

한 가정의 안주인인 신

살아생전 본부인으로 고생고생하며

아들 일곱을 낳고 키웠으나

첩의 손에 추운 연못에 빠져 죽었다가

아들들의 도움으로 다시 살아나

따뜻한 부엌을 지키는 가신으로 자리 잡았다

---

4) 조왕신(竈王神)은 부엌을 지키는 가신이다. 남선비의 본부인이었으나 첩인 노일저대의 손에 추운 연못에 빠져 죽었다가 아들들의 도움으로 다시 살아나 따뜻한 부엌을 지키는 가신으로 자리 잡았다. 불의 신, 조왕각시, 부뚜막신, 조왕할머니, 삼덕할망이라고도 한다.

불을 지켜라
무슨 일이 있어도 꺼뜨리지 마라
시어머니로부터 며느리로
전하고 이어 온 사랑의 불씨
목숨 걸고 보전하라

부뚜막과 아궁이
솥과 솥뚜껑
살강에 놓인 부엌살림 하나하나
모두 필요하고 소중한 것이니
정화수 떠 놓고 지성으로 빌며
네 몸과 같이 정성껏 경영하라

이곳은 한 가정의 중심
사랑의 샘이 솟는 곳
평화의 싹이 자라는 화수분
네 가정의 부정을 막고
행복을 지키기 위해 헌신하라
그것만이 생활의 바탕이다

비나이다
– 칠성신[5]

비나이다
비나이다
칠성님께 비나이다

오늘도 어머니는 새벽에 일어나
뒤꼍에 정화수 한 그릇 떠 놓고
북쪽 하늘을 향해 빈다

외지에 나가 있는 자식들
무사를 빌며
치성을 드린다

일 년 열두 달 내내
가족 모두 건강하고

---

5) 칠성신(七星神)은 북두칠성을 신으로 모신 것이다. 이 신은 무병장수, 소원 성취, 자녀 성장을 관장하는 신으로 믿어 왔다. 칠성풀이 신화로 전승되었다. 칠원성군, 칠성 여래라고도 한다.

좋은 일만 있게 해 달라며
칠성님께 빈다

풍년 농사에
출세하는 것까지
집안의 크고 작은 모든 일을
칠성님께 의탁한다

일곱 쌍둥이로 태어나
효성스럽게 살다가
밤하늘 북두칠성으로 자리 잡은
칠성님

인간에게 복을 주며
사랑을 주는
칠성님께 기원한다

비나이다
비나이다
칠성님께 비나이다

집터 지킴이
- 터주신[6]

네 집이 들어앉은 그 터
가정이 평안하고
자손이 번성하며
복 받을 땅이여

좌청룡(左靑龍)?
우백호(右白虎)?
배산임수(背山臨水)?
묻지도 말고 따지지도 마라

목욕재계 후
뒤꼍에 정화수 떠 놓고
두 손 모아 지성으로 빌며
간절히 축원만 드려

---

6) 터주신은 집터를 지키는 가신이다. 집안의 액운을 막아 주고 재물복을 가져다주는 신으로 믿었다. 성주신 황우양의 막막부인이 죽어 터주신이 되었다. 지신, 텃대감, 터줏대감, 텃신, 터주할매라고도 한다.

다만, 늘 물이 나거나
축축한 곳은 싫어
그것만 조심해
그러면 아무 문제 없어

내가 누구냐고?
성주신 황우양의 막막부인
네 집터를 지켜 주는
터주신

집안의 액운을 막고
재물복까지 가져다주며
아무 탈 없도록 관리해 주는
터줏대감

동티 날 일 없으니
믿어
믿어 봐
믿는 자에게 복이 있는 것이야

문 지킴은 내 운명
- 문왕신[7]

문, 문, 문
집집이 있는
크고 작은 모든 문

그것은 경계이다
권세이고 위엄이다
아름다움이며 피안이다

그런 문을 지키는 나는 녹두생이 문왕신
어머니 여산부인과 아버지 남선비 사이
일곱째 막내아들로 태어나
측간신 노일저대[8]의 모략을 간파하고
집안의 안녕을 이끌었다

---

7) 문왕신은 문을 지키는 가신이다. 조왕신이 된 여산부인과 잡신이 된 남선비 사이에서 태어난 일곱 아들 중 막내인 녹두생이가 문왕신이 되었다. 문신 또는 문전신이라고 한다.
8) 측간신 노일저대는 화장실에 산다는 가신이다. 「헛기침 하세요 - 측간신」, 참고.

연못에 빠져 돌아가신 어머니
빌고 빌어 찾아내어
서천꽃밭9)에서 환생꽃 다섯 송이
어렵게 얻어 와 살려 내고
효도하며 살다
가신으로 자리 잡았다

하여, 나는 문왕신
안심하라
오늘도 변함없이
푸른 옷 단정히 차려입고
물 샐 틈 없이
네 집 문을 지키고 있다

다만, 그 문을 들락거릴 때
문지방을 함부로 밟거나
걸터앉지 않도록
주의하고 조심하라

---

9) 서천꽃밭은 이승과 천상의 경계에 있다는 꽃의 나라이다. 그곳에는 사람의 운명을 좌우할 수 있는 갖가지 꽃이 피어 있다고 한다. 죽은 사람을 살릴 수 있다는 환생꽃도 그곳에 있는 꽃 중의 하나이다. 「꽃의 이름으로 1 - 꽃관감」, 참고.

생명 탄생
- 삼신[10]

아가야

우리 아가야

금쪽보다 더 귀한 우리 아가야

순산과 무병으로

쑥쑥 자라

집안의 웃음꽃이 되거라

사랑으로 점지해 주시고

태어나게 해 주시며

탈 없이 자라도록 도와주시는

우리 집 탄생 신

삼신할머니가 계신다

부정과 위험을 막기 위해

---

10) 삼신은 아기를 점지하고 출산을 관장하는 가신이다. 남색 저고리에 흰 바지, 자주색 치마에 분홍 장옷을 입은 모습으로 나타난다고 한다. 삼신할머니, 삼승할망이라고도 한다.

황토를 파다 마당에 깔고
대문에 금줄을 치며
붉은 고추와 검은 숯, 푸른 솔 차례로 엮어
아기와 엄마를 함께 돌봐 주시니
마마 호환도 두려워 마라

엉덩이에 몽고반으로 흔적을 남기고도
다리 밑에서 주워 왔다는 말
믿거나 말거나 오늘도
온갖 생명의 꽃 가꾸며
미소로 화답해 주시는 삼신할머니

아기를 갖고 싶다면
부부 함께 손잡고
휘영청 둥근달 바라보며
정성껏 기도하라

네 가정의 대를 잇고
평화와 행복을 지키기 위해
예쁜 꽃 한 송이 기꺼이
선물할 것이다

하늘은 우리가 지킨다
- 오방신[11]

청, 백, 적, 흑, 황
이 다섯 가지 오방색은 빛이다
물질이며 지킴이다
조화이며 자랑이다

봄 여름 가을 겨울
잡귀는 언제 어디서든 침입할 수 있다
집 안만 지킨다고 끝나는 게 아니다
항상 열려 있는 하늘이 문제이다

하여, 가정에서 하늘은 우리가 지킨다
우리는 조왕신의 칠 형제 중
위로 다섯 아들

---

11) 오방신(五方神)은 집 위 하늘에서 동·서·남·북·중앙의 다섯 방위를 지키는 가신이다. 하늘로 들어오는 잡귀를 물리친다고 한다. 잡신이 된 남선비와 조왕신이 된 여산부인 사이에서 태어난 일곱 아들 중, 위로 다섯 아들이 오방신이 되었다.

하늘을 지키는 대장군들이다

첫째는 동쪽 청제 대장군으로 푸른 깃발
둘째는 서쪽 백제 대장군으로 흰 깃발
셋째는 남쪽 적제 대장군으로 붉은 깃발
넷째는 북쪽 흑제 대장군으로 검은 깃발
다섯째는 중앙 황제 대장군으로 황색 깃발

두 눈 부릅뜨고
검은 눈썹 씰룩거리며
그림자 하나 얼씬거리지 않게
밤낮으로 지키고 있다

흰 수염 휘날리고
오색 깃발 펄럭이며
집 위 하늘의 다섯 방위에서
일 년 열두 달 조화를 부리고 있다

누구든 들어와 보라
자신 있으면 쳐들어와 보라
하늘은 우리가 지킨다
하늘은 우리의 자랑이다

곳간의 재물을 지켜라
- 업왕신[12]

재물이라는 것은
가뭄 끝의 빗방울
진흙 속의 연꽃 같은 것

지나침은 모자람만 같지 못하여
너무 많아도 탈
너무 적어도 탈
중심 잡기 힘든 재화이다

그런 재물을 지키는 나는 곳간의 업왕신
가끔 구렁이나 두꺼비의 모습으로
사람들 앞에 나타나기도 하지만
그런 것이 집 안에 들어와도
놀라거나 두려워하지 말고

---

12) 업왕신(業王神)은 곳간을 지키는 가신이다. 곳간에는 곡식과 같은 재물을 두었으므로 그곳을 지키는 것은 재물을 지키는 것이다. 따라서 업왕신은 재물을 지키는 가신으로 믿어 왔다. 업왕, 업신 또는 업이라고도 한다.

제 갈 길로 가도록 내버려두라

오해하지도 말라
업왕신이라 해도
있는 재물만 지켜 줄 뿐
없는 재물 새롭게 만들어
부자가 되게 하지는 않는다
화수분이 아니다
착각하지 말라

여기저기 한눈팔지도 말고
한없이 욕심부리지도 말며
없다고 부러워하지도 말고
성심껏 분수대로 살아라

지금 있는 재물 알뜰히 관리하며
사람 도리 다하는 삶이 최선이다
인생은 어디에 사느냐가 아니라
어떻게 사느냐가 중요한 것이다

말라 버린 우물
- 우물신[13]

어릴 적 저 우물

두레박으로 물을 퍼 올려

먹고 마시며

등목하던 저 우물

생명의 원천으로

맑고 깨끗한 단물

마를 새 없었는데, 지금은

폐우물이 되어 있다

도시로, 도회지로 떠나는

문화로, 문명사회로 변해 가는

이 풍진 세상을 만나

옛날의 소용은 다 잃어버렸다

---

13) 우물신은 우물을 지키고 관리하는 가신이다. 집 안에 우물이 있는 가정에서는 우물신이 물을 항상 맑고 깨끗하게 해 주는 것으로 믿었다. 따라서 우물가에서는 언행을 조심했다. 마을의 공동 우물도 마찬가지였다.

허물어져 가는 초가집 안에
반 넘어 메꿔진 채
거적때기로 덮여 있는 저 우물
우물신도 영영 떠났나 보다

그나마 남아 있는
마을 공동 우물조차
청소 한번 없어 물이끼 파랗고
접근 금지 팻말이 위협하며
예전의 소용은 다 잊어 가고 있다

모든 물은 내를 이루어
강으로 흘러들고
마침내 바다로 통한다는데
우물의 큰 신인 용왕 곁으로 들어가
편히 지내기를 빈다

소 찬양
- 우마신[14]

잠깐—
소를 굶겼거나
소홀히 대접한 적 있나요?

덩치에 비해 순하디순한 소
맘대로 다루다가
소 잃고 외양간 고치지 마세요

나는 마부왕 우마신
모든 가축의 성장과 번식을 돕고
탈이 없도록 관리하지만
가장 중요한 것은 소

---

14) 우마신(牛馬神)은 집에서 키우는 동물을 관장하는 가신이다. 이 우마신이 가축의 번식을 돕고 탈이 없도록 지켜 준다고 믿었다. 농경 사회에서 소와 말 등 가축은 매우 중요했으므로 이를 돌보는 가신이 있다고 믿은 것이다.

어느 집에서나 소는 상머슴이지만
정월 첫 소의 날인 축일(丑日)만은
일을 시키지 마세요
편히 쉬게 해 주세요

느릿느릿 걸어도 황소걸음이고
하품밖에 버릴 게 없습니다
말은 못 해도
열두 가지 덕을 가졌으니
보고 배우며 가까이하세요

부의 상징이니까요
동반자이니까요
한 식구이니까요
영물(靈物)이니까요

지금까지 내가 한 말
절대 빈말이 아닙니다
소귀에 경 읽기가 아니기를
진심으로 바랍니다

조상신이 되다
– 말명신[15]

고아였지만 선남선녀인 우리는
도랑선비와 개울각시
천생연분이어서 결혼하기로 약속했는데
엉큼한 점쟁이가 잡아 준 혼삿날은
액과 살이 낀
참 나쁜 날

그런 줄도 모르고 장가가는 날
까막까치와 구렁이, 멧돼지까지 나타나
오늘밖에 날이 없냐며
길을 막고 말렸지만
혼례는 일생에 한 번뿐인 큰일
포기할 순 없다 했지요

---

15) 말명신은 조상을 돌보고 지키며 심판하는 가신이다. 제사를 지내면 말명신도 함께 내려와 흠향한다고 한다. 도랑선비와 개울각시의 눈물 겨운 사랑이 이 신의 탄생 배경이다.

힘들게 초례를 치르며 버틴 당신
엄습해 오는 운명을 막지 못해
초상으로 이어진 혼례이기에
울며불며 다시 만날 수 있게 해 달라고
눈물로 빌고 또 빌었습니다

정화수 떠 놓고 석 달 열흘 기도하면 볼 수 있다기에 그렇게 했더니, 나타난 당신은 잡으려 하자 연기처럼 사라졌습니다
이번엔 내 머리카락으로 노끈을 만들어 벼랑에 이어 놓고 아흔아홉 번 왕복하면 만날 수 있다기에 그렇게 했더니, 나타난 당신은 다가가자 안개처럼 사라졌습니다
그다음은 댓잎 기름 손에 발라 여러 차례 말린 후 손가락에 불을 붙여 태우기였지만 결과는 마찬가지

그래도, 정성이 부족했다고 생각해
무릎 꿇고 치성을 드리자, 마지막으로
아흔아홉 굽이 산길을 맨손으로 닦기였지요
반대편에서는 당신이 온다기에
진짜 어려운 줄 몰랐습니다

드디어 꿈같은 상봉
기쁜 맘으로 손잡고 집으로 향하는데
누런 흙탕물이 길을 막네요
나는 탈 없이 건넜지만
당신은 당신의 조상이 지은 죄로
갑자기 나타난 용에게 잡혀갔지요

얼마나 간절했는데
그럴 수는 없었지요
이승의 인연이 여기까지라면
차라리 저승에서 다시 만날 수 있도록
명주로 노끈을 묶어 목을 맸습니다

다행히 옥황상제의 도움으로
천상에서 다시 만난 우리
조상을 돌보고 지키며 심판하는
말명신으로 임명되었답니다

가끔 조상을 위한 기제사에
혼령들과 함께 내려와

흠향하며 심판하기도 하니
제사 지냄에 정성을 다하세요
다 복 짓는 일입니다

장맛을 이어라
- 철융신[16]

애야, 며늘아가야
장은 말(馬)날에 담가야 맛이 좋단다
손 있는 날 장을 담그면
철융신이 노하여 맛도 없거니와
집안에 재액이 든단다

장을 담글 때는 정성으로 임해야 한다
손쉽게 사거나 얻어먹는 것은
당장은 편리하겠지만, 결국
네 가정의 입맛을 포기하는 일
힘들어도 매년 담가야 한다

간장, 된장, 고추장을 담근 후
반드시 왼새끼 줄을 꼬아

---

[16] 철융신은 장독대를 지키며 관리하는 가신이다. 간장, 된장, 고추장의 독과 항아리를 지키며 그 맛을 보존하는 가신으로 알려져 있다. 검은 탈을 쓴 노인의 모습으로 나타난다고 한다. 노적지신 또는 천룡신이라고도 한다.

검은 숯, 붉은 고추, 청솔 잎 차례로 엮어
항아리에 감아라, 그런 후
백지를 버선 모양으로 오려
장항아리에 철석! 붙여 놓으면
그 맛이 더욱 좋아진단다

우리 집에 깃들어
장독대를 지키고 관리하며
그 맛을 보존하여 복되게 하는
할아버지 철융신을 위하여
정화수 떠 놓고 비는 일도
잊지 말아야 한다

아가야, 며늘아가야
장맛을 지켜라
그 맛을 천년만년 이어 가거라
할아버지 철융신이 도와주시고 있다
지켜보고 있다

뒷문엔 내가 있다
- 뒷문신[17]

어느 집이든
당당히 들어오는 앞문이 있다면
슬그머니 나갈 수 있는
뒷문도 있게 마련

뒷문 밖에도 삶이 있고
아픔 슬픈 사랑도 있어
나름대로 바람이 일고
인정이 싹튼답니다

주로 아녀자의 생활 공간으로
푸성귀 가꾸거나 꽃을 심는
숨겨 놓은 비밀 정원이요

---

[17] 뒷문신은 가정에서 뒷문을 지키는 가신이다. 남선비와 여산부인의 일곱 형제 중 첫째에서 다섯째까지는 하늘을 지키는 오방신이 되었고, 여섯째 아들은 뒷문을 지키는 뒷문신, 막내아들은 앞문을 지키는 문전신이 되었다고 한다.

은신처이지요

뒷문으로 슬쩍 나가려 하지 마세요
낯선 이는 출입 금지
뒷문거래조차 허용하지 않습니다
그곳은 늘 내가 지키고 있으니까요

내가 누구냐고요?
조왕신 여산부인의 여섯째 아들
문전신 녹두생이의 막내 형
바로 뒷문신입니다

혹, 앞문 통행이 난처하다면
뒷문으로 찾아오세요
사정을 들어 보고 딱하면
아무도 모르게 슬그머니
열어 줄 수도 있으니까요

면목이 없네
- 잡신[18]

면목이 없네
체면이 안 서네

가장으로서 가정을 제대로 이끌지 못하고
하는 일 없이 빈둥빈둥 놀고먹다가
아내가 어렵게 마련한 절호의 기회마저
잃고 말았네

흥청망청하다가 망신만 당하고
천벌로 눈이 멀었으니
누구를 탓하고
누구를 원망하겠나?

---

18) 잡신(雜神)은 헛간을 지키는 가신이다. 헛간은 허드레 물건들을 쌓아두는 곳이다. 이곳을 지키는 가신이 바로 잡신이다. 조왕신이 된 여산부인의 남편이던 남선비가 죽어 이 신이 되었다고 한다. 헛간신이라고도 한다.

자식까지 잡을 뻔한 내가 죽어
어두컴컴한 헛간이라도 지키는
잡신이 됨을 그나마 감사할 뿐
할 말이 없네

체면이 말이 아니네
진실로 면목이 없네

헛기침하세요
- 측간신[19]

화장실에 가려고요?
아무리 급해도 들어가기 전 헛기침 세 번
볼일 보고 나오기 전 가래침 세 번
잊지 마세요

측신·측간신·변소각시·뒷간신·측부인·주당
여러 이름으로 불리지만
주로 머무는 곳은 변소
소복에 긴 머리카락 늘어뜨리고 산답니다

인간이었을 때 남선비를 홀려
조왕신이 될 여산부인을 죽이고
문왕신이 될 녹두생이까지 잡아먹으려 했던
악처에 욕심쟁이 계모 노일저대였지요

---

19) 측간신(廁間神)은 화장실에 산다는 가신이다. 남선비를 꾀어 재물을 빼앗고 눈까지 멀게 한 노일저대가 뒷간에서 목을 매고 죽어 측신이 되었다. 측신·측간신·변소각시·뒷간신·측부인·주당 등 여러 이름으로 불린다.

순풍이던 계획이 탄로 나
일곱 아들에게 쫓기고 쫓기다가
급기야 뒷간에서 목을 매었기에
측간신으로 눌러앉게 되었답니다

악취에 더럽고 으슥한 화장실에서
머리카락이나 세며 놀다가
기척 없이 문을 벌컥 열어
나를 놀라게 하는 무례한 사람에게는
주당살(周堂煞)을 맞히기도 하지요

오늘부터 화장실에 가려거든
들어가기 전 헛기침 세 번
나오기 전 가래침 세 번
잊지 마세요

제2부
천상 신들의 일갈

천지왕 본풀이
- 옥황상제[20]

나는 으뜸 신
천지 만물을 창조하였고
온 세상을 관장하며 다스리는
옥황상제

금지옥엽 왕관을 쓰고
얼굴과 몸에서 빛이 나며
선녀들의 도움을 받지만
모습은 절대 드러내지 않는
천지왕

인간처럼 감정을 느끼고
이성을 가지고 있으며

---

20) 옥황상제(玉皇上帝)는 하늘과 땅, 이승과 저승을 통틀어 으뜸가는 신이다. 하늘 옥황궁에 살며 천지를 다스린다고 한다. 바지왕과 혼인하여 아들 대별왕과 소별왕 쌍둥이를 낳았다. 천지왕, 천주왕, 하느님이라고도 한다.

땅의 신이 된 아내와
이승과 저승을 맡긴 두 아들도 있지만
나의 절대 상징은
전지전능(全知全能)

완벽한 절제를 미덕으로
세상 어디에나 있고
지고지순한 사랑을 전제로
세상 어디에도 없는
모든 것을 꿰뚫어 보며
온 누리를 지배하는
천주왕 하느님

순종하고 따르며
의심하지 마라
믿는 자에게 복이 있나니
너를 항상 지켜보고 있다
사랑하고 있다

천지창조 1
- 창세신 미륵[21]

혼돈의 세상에서
동서남북, 네 귀퉁이에
튼튼한 구리 기둥 세워
하늘과 땅을 갈라놓고
이것저것 구분 정리하니
그것은 천지개벽이었다

하늘은 해와 달과 별로 조정하고
공중에서 떨어지는
금 벌레와 은 벌레 쟁반에 받아
남자와 여자, 인간도 만들어
부부의 연을 맺게 하고
쥐에게까지 불 만드는 방법을 물으며
태평성대를 이루었다

---

21) 창세 신화(創世神話)란 이 세상이 어떻게 만들어졌는지를 이야기하는 신화이다. 여러 신화가 있지만, 그중에서 미륵도 천지를 창조했다는 창세신 중 한 분이다. 천지개벽 신화라고도 한다.

자연 그대로의 삶인 지상 낙원에
문명이라는 몹쓸 놈이 나타나
검은 그림자 드리우고
마수를 뻗어 걸치니
막기 위해 안간힘을 썼다

그러나 바다에 드리운 줄 안 끊어지고
여름 강물 얼리면 무엇 하리?
무릎에 피운 꽃 도둑맞아
인간 세상에 어둠이 다가오고
찬 바람 몰아치는 것을

더럽고 축축한 세상이 와도
절대 잊지 마라
서천꽃밭처럼 신비한 꽃을
활짝 피울 기회가 아직은
아직은 남아 있다는 것을

천지창조 2
- 마고할미[22]

아주아주 먼먼 옛날 고릿적
해와 달도 없어 어둡기만 한 이 세상에
마고라는 어마어마하게 큰
할머니 한 분이 살았대

그녀는 매일 잠만 잤는데
코 고는 소리에 하늘이 내려앉고 땅이 갈라져
울퉁불퉁 파이고 흔들렸어
그 바람에 별들까지 질서를 잃고 떨어져
세상은 혼란에 빠지고 말았지

그런 줄도 모르고 잠만 자던 그녀는
단지 소변이 마려워 잠에서 깼고

---

22) 마고할미 신화는 거인 여신의 창세 신화이다. 이 신화는 민간에서 구비 전승 되어 온 창세 신화이다. 바다를 건너는 거인으로 묘사되어 전하고 있지만, 우리나라의 지형과 관련해 이야기하고 있어 재미있다. 마고할망, 마고 할머니, 마고선녀 등으로도 불린다.

기지개를 켜니 하늘과 땅이 다시 벌어져
별들도 제자리를 찾아갔어

그 사이 뒤엉켜 있던 구름들
땅 위로 쏟아져 내리며 대홍수가 났지
물에 휩쓸려 산까지 내려앉았지만
그건 겨우 그녀의 무릎 정도였대

그녀가 볼일을 보니
강물이 흘러 바다가 되었지만
신경 쓰지 않고 다시 잠만 잤어
산을 베고 누워 오른발은 서해로
왼발은 동해로 뻗어 걸쳤지

잠결에 물장구를 치니
파도가 일어 땅을 덮치기도 했고
손가락으로 땅을 살짝 긁었는데
산맥이 형성되고 광야가 만들어졌대

음식이 없어 닥치는 대로 마구 먹다가

커다란 산을 뽑아 먹었는데
너무 맛이 없어 도로 뱉어 버리니까
북쪽에는 백두산, 남쪽에는 한라산이 만들어져
오늘과 같은 우리나라가 되었다고 해

어때, 우리 천지창조 신화 재미있지?
다른 나라 신화만 좋아하며
유식한 척 뽐내지 말고
우리 것에도 관심을 가져
그게 세계화의 첫걸음이야

인류의 조상
- 남매 혼 신화[23]

누이야, 대홍수로 온 세상이 물에 잠겼구나
살아남은 생물은 각각 암수 한 쌍씩
자연스럽게 번식해 가는데
인간은 너와 나
오직 둘뿐이니
이 일을 어떡하면 좋단 말이냐?

　　오라버니, 전 오라버니가 있어서 안심이지만
　　이대로 남매로만 살아간다면
　　세상에 인류의 대가 끊어질 판이네요
　　하소연할 사람도
　　물어볼 데도 없어
　　저 또한 난감하고 막막하네요

---

23) 남매 혼 신화(男妹婚神話)는 자연재해로 인한 재창조를 담은 신화이다. 세상은 대홍수로 인류 절멸의 위기에 처한다. 유일한 생존자인 남매는 근친혼을 피하려 하지만, 결국 하늘의 뜻으로 맺어지게 된다는 이야기이다.

누이야, 하늘의 뜻을 알아보자
우리 각각 불을 피워
솟아오르는 연기가 공중에서
뱀처럼 서로 꼬며 오른다면
짝을 맺고 대를 이으라는
하늘의 신호로 받아들이자꾸나?

    오라버니, 그것만으로는 부족해요
    우리 서로 맷돌을 언덕 밑으로 굴려
    아래에서 숫 맷돌과 암 맷돌이
    딱 들어맞고 합쳐진다면
    부부의 연을 맺고 자식을 낳으라는
    하늘의 뜻으로 받아들일게요

누이야, 위에서 연기가 뱀처럼 꼬이고
아래에서 맷돌이 서로 배꼽을 맞추니
틀림없는 하늘의 뜻이구나
거부할 수 없는 하늘의 명령이구나
받아들이면 어떻겠느냐?

    그래요, 하늘의 뜻이네요

오라버니를 지아비로 삼으라는 하늘의 명령이네요
그럴게요, 우리 인간이 영원히
이 세상을 지배하며 살아갈 수 있도록
오라버니와 부부의 연을 맺을게요
자, 이제 눈을 감을게 사랑을 주세요

아름다움의 원형
- 선녀[24]

나는 선녀
하늘에 사는 여자 신선
천녀, 혹은 옥녀라고도 불리고
하늘궁에 살며 정숙한 이미지로
음악과 춤에 능하답니다

늙지 않고 오래 살 수 있는
음료와 선약을 먹기에
나이가 들어도 변함이 없고
몸에서 자연스럽게 발산되는 빛으로
항상 젊음을 유지하며 단아하지요

언뜻 보기에 신체는
이승의 여자들과 비슷하지만
말투나 행동에서 풍기는 자태가
신비롭고 청순하며 아름다워

---

24) 선녀(仙女)는 하늘 옥황궁에 사는 여성인 선인이다. 젊고 아름다우며 정숙한 이미지로 묘사되고 있다. 옥녀(玉女), 천녀(天女)라고도 한다.

인간 세상의 여성과는 사뭇 다르답니다

입은 옷은 이승의 재료가 아니라서
바느질 자국이 없고
한 점 더러움 없이
깨끗하고 가벼워 하늘하늘
하늘을 날 수 있지요

세상 곳곳에 회자하는
선녀와 나무꾼의 이야기
흔하디흔한 선녀탕 명칭과 유래
모두 말 많은 인간들이 지어낸 것일 뿐
나와는 상관없는 이야기랍니다
믿지 마세요

나는 아름다움의 원형
실물을 보고 싶거나 만나길 원한다면
주저하지 말고
하늘나라로 올라오세요
언제든 대환영
귀인으로 모시겠습니다

영원히 살고 싶어요
- 수명신[25]

사만 년이라는 세월을 살았고
죽어서는 인간 수명을 관장하는 신
삼천갑자 동방삭
사만이를 아시나요?

특별한 재주가 있었냐고요?
아니요, 없었어요
게을러 터져 아내 덕에 먹고살며
뭘 모르고 산 활을 메고 산속을 헤매다가
우연히 발견한 해골바가지 하나
집에 가져와 극진히 모셨을 뿐
고아 출신의 비렁뱅이였지요

---

25) 수명신(壽命神)은 인간의 수명을 결정한다는 신이다. 수명신 사만이가 이승에 살 때, 저승차사 대접을 잘해 서른일곱이었던 수명을 삼천일곱으로 늘리고, 그 뒤로도 꾀를 써서 사만 살이나 살았다고 한다. 죽어서는 수명신으로 자리 잡았다.

주어진 수명이 다 되어
저승 삼차사가 잡으러 왔을 때
그 해골바가지 노인이 알려 준 대로
마을 어귀에 사자상 차려 놓고
밥 세 그릇, 옷 세 벌, 신 세 켤레 준비했더니
차사들이 그것을 먹고 입고 신은 덕에
서른일곱이 삼천일곱으로 바뀌었을 뿐입니다

삼천 년을 살다 보니
지혜가 쌓여 신선처럼 도술을 부리게 되었고
수명을 자꾸 연장하고 싶어
저승사자를 따돌리고 숨어 지내며
삼만 년, 사만 년 살아왔지요

사만 살이 되어 하루는
늘 다니던 계곡을 지나가는데
시커먼 참숯이 하얗게 되도록
맑은 시냇물에 씻는다는 말을 듣고
얼결에 본색을 드러내어 그만
저승으로 잡혀가고 말았지요

어쩔 수 없이 이승을 떠나면서
인간이 죽지 않고 영원히 사는 문제
그것을 다시 숙제로 남겨 놓았으니
당신이 한번 풀어 보실래요?
도전해 보실래요?

복 많이 지으세요
- 운명신[26]

1.

태어나게 해 주시고
애지중지 키워 주신 것은
부모님 덕이고 사랑이지만
철든 후 살아가는 일은
온전히 자신의 몫이랍니다

간혹 미덥지 못하여 속상해도
조급해하지 말고
지켜만 봐 주세요
욕심 안 부리고 내 복대로
주어진 운명 개척하며 살아가겠어요

---

[26] 운명신(運命神)은 인간의 운명을 결정한다는 신이다. 사람이 죽고 사는 일과 잘 살고 못 사는 일은 모두 이 신이 마련해 준 운명에 달린 것이라 한다. 감은장아기가 죽어 운명신이 되었다.

나쁘게 마음먹으면
잘되던 일도 안되고
삼천포로 빠지게 마련
맘이 맞는 사람 만나 인연 맺고
성실하게 사는 삶이 최선이지요

2.

사람들이 흔히 주고받는 인사말
"복 많이 받으세요!"
라는 말은 틀렸습니다

복은 주거나 받는 게 아니라
스스로 만드는 것입니다
금수저 흙수저가 아니라
배꼽 아래 검은 선의 덕입니다

내 복은 내 덕입니다
인생은 매 순간 선택이고

행운조차 스스로 만드는 것
만들어질 복 앞에 주저하면
그 복은 사라지게 마련입니다

그러므로 흔들리지 말고 당차게
자신의 복을 지어 가세요
나 운명신 감은장아기처럼
제 생각과 뜻에 주저하지 말고
무소의 뿔처럼 앞만 보고 가세요
홀로 설 수 있습니다

오늘부터
만나고 헤어질 때 인사말은
다음과 같이 속삭여 주세요

"복 많이 지으세요!"
"복 많이 지으세요!"

팔자야, 내 팔자야
- 액막이신[27]

삶이 팍팍하다고요?
팔자가 사납다고요?
설마, 저보다는 덜하겠지요

이 세상에서 가장 사나운 팔자로
어렵게 살다 간 지장아기
제 얘기 들려줄게
희망을 품으세요

늦둥이 외동딸로 태어나 사랑으로 자랐지만
제 나이 일곱에 조부모와 부모까지 잃고
외톨이가 되어 친척 집에 얹혀살며
팔자 사나워 제 부모 잡아먹은 년이라고

---

27) 액막이신이란 모질고 사나운 운수, 즉 액을 막아 주는 신이다. 시장아기는 팔자가 사나워 엄청나게 고생하다 죽어 새가 되었지만, 이 새가 집에 들면 그 집에 액이 함께 들어 사람들이 꺼렸다. 나중에 액막이신이 되어 지성으로 빌면 막아 주었다고 한다.

온갖 구박 받다 쫓겨나
한뎃잠으로 입에 풀칠했지요

힘들었어도 마음만은 곱고 착해
열여섯에 신랑 만나 잠시 행복을 누렸지만
정정하시던 시부모 시름시름 앓다 돌아가시고
믿었던 남편에 아기까지 제 곁을 떠나니
시누이 박대를 견디지 못하고 집을 나왔네요

억세 엮은 움막에서 홀로
누에치기하고 길쌈하며
친부모 시부모 남편 제사까지 모시다가
그것도 모자라 머리 깎고 출가하여
비구니 구걸 승으로 세상을 떠돌았지요

받은 시주는 천지신명께 올리고
고생고생하다 죽어 새가 되었지만
한 많은 이승 삶을 씻지 못해
내가 깃든 집은 우환이 끊이지 않았네요

다행히 액막이신으로 자리 잡아
지성으로 빌고 비는 집은
액을 막아 주며 아직도
속죄하는 마음으로 살고 있답니다

삶이 팍팍하다고요?
팔자가 사납다고요?
저보다 덜하다면 꾹 참고 이겨 내세요
그 수밖에 없습니다

자식 자랑은 하지 마세요
 - **복신**[28]

세상에나!
처녀가 임신했네요
결혼도 안 한 당금애기가
아기를 가졌네요

늦둥이 딸로 태어나, 금이야
바람 불면 날아갈까, 은이야
온갖 사랑 받으며, 옥이야
어엿한 숙녀가 된 당금애기

구중궁궐 혼자 있을 때
부모의 자식 자랑 시험하기 위해
열두 대문 열고 들어온 스님과
하룻밤 인연으로 잉태를 했네요

---

28) 복신(福神)인 당금애기는 아기를 잉태시키고 복을 주는 신이다. 이 복신 덕분에 사람들은 자식을 얻을 수 있다고 믿었다. 이 신의 조화로 인간은 태어날 때부터 정해진 복을 가지고 태어난다고 한다.

사실을 안 부모님은 땅이 꺼지고
억장이 무너져 내렸지만
세상이 알까 두려워 쉬쉬
냉가슴만 앓았지요

세상 부끄럽고
있을 수 없는 일이라며
당금애기를 토굴 속에 가두고
소문나지 않도록 애를 썼지요

그래도 시간은 흐르고 흘러
남산만 해진 몸을 풀고
당금애기 혼자 세쌍둥이를 낳으니
초공, 이공, 삼공의 어머니가 되었지요

아이들 쑥쑥 자라
천하 문장으로 소문이 자자했지만
아비가 중이라는 이유로 놀림을 받다가
마침내 아버지를 찾아가네요

아버지를 만나 여러 시험을 거친 후
피가 섞이는 걸 보고 자식으로 인정받아
아들 삼 형제는 저승 시왕으로 자리 잡아
망자들을 심판하고 있고요

어머니 당금애기는 삼신으로 임명되어
집집이 아기를 점지해 주며
복을 주고 있으니
복 많이 지어 가세요

너무 예쁘고 잘나
눈에 넣어도 안 아픈 내 새끼지만
자식 자랑은 하지 마세요
남들의 시기와 질투로
부정 탈 수도 있으니까요
팔불출이 될 수도 있으니까요

욕심을 버려라
- 병막이신[29]

하늘이 맺어 준 인연이라지만
슬하에 자식이 없다가
지극정성의 백일기도로
겨우 얻은 첫째 아들은 소경인 거북이
연년생인 둘째 아들은 앉은뱅이 꼽추 남생이

그래도 주신 대로 정성껏 잘 키웠는데
집안에 닥친 불행은 막을 수 없어
부모 함께 이승을 하직하고
어린아이들을 비렁뱅이로 내몰았지

신체 장애는 조금 불편할 뿐
마음의 장애가 아니므로
소경인 거북이가 앉은뱅이 꼽추인 남생이를

---

29) 병막이신은 병을 막아 주는 신이다. 이승에서 어렵게 살다가 부처님의 도움으로 성한 몸이 된 소경인 거북이와 앉은뱅이이며 꼽추인 남생이 형제가 죽어 병막이신이 되었다.

업고 안고 다니며 구걸했지만
자신을 냉대하는 세상을 원망하지 않고
꿋꿋하게 살아갔어

욕심 많고 이기적인 사람의 눈에는
연못의 금덩이도 구렁이로 보이고
마음이 깨끗하고 맑은 사람에게는
황금으로 보인다지만
형제는 욕심내지 않고 거둬
불전에 올려 헌납하자
정상적인 사람으로 고쳐져
착한 마음 갖고 살았지

죽어서도 육체의 고통에서
자유롭길 원한 그들
기꺼이 병막이신이 되어
아이들에게 드는 병 막아 주고
이미 든 병 낫게 해 준다네

오늘 이후로는 욕심을 버리고

어린아이 같은 마음으로 살아
병막이신이 있는 한
아무 문제 없을 거야
다 잘될 거야

가끔 낮달이 뜨는 것은
- 일월신[30]

내기와 도박을 좋아해
하늘나라에서 쫓겨난 당신은 궁상이
인간 세상에 내려와
저 해당금이와 결혼하고도
개 버릇 남 못 주고
반성도 없이 여전했지요?

장기를 두며 저를 걸고 내기를 했네요
보기 좋게 졌으므로 당신 곁을 떠나지만
닥쳐올 위기를 뻔히 알기에
육포 솜 삼아 옷을 짓고
그 옷에 여러 주머니를 달아
낚시와 낚싯대까지 챙겨 넣었네요

---

30) 일월신(日月神)은 해와 달의 신이다. 옥황궁 선비 궁상이와 땅 세상의 처녀 해당금이가 우여곡절 끝에 해와 달의 신이 되었다. 이들은 서로 떨어지기 싫어해 해와 달이 낮에 함께 떴으나, 옥황상제의 명령으로 둘을 갈라놓아 밤과 낮이 구분되었다고 한다.

바다에 빠져 허우적거릴 당신
무인도에 닿겠지만
먹을 게 없지요?
육포 솜 뜯으며 낚시로 연명하세요
학을 보살피며 놀아 주면
그 학의 도움으로 다시 돌아올 수 있답니다

당신을 위해 베푼 거지 잔치
잔치 끝에 당신이 올 것이고
욕심쟁이 부자에게 구슬 옷을 선물해
그 옷을 입은 그가 붕붕
허공으로 떠올라 내려오지 못하고
솔개가 되게 할게요

다시 만난 우리
금실 좋은 부부로 살다가
당신은 해의 신 궁상이로
나는 달의 신 해당금이로 자리 잡겠지만
서로 떨어져 하늘길을 빙빙 돌겠지요

가끔 낮달이 뜨는 것은
당신을 보고 싶은
제 붉은 마음이니
이해하고 받아 주시겠지요?
변함없이 사랑해 주시겠지요?

부모 찾아 삼만 리
- 계절신[31]

난 성도 이름도 나이도 몰랐습니다
사람들은 그저 오늘 만났다고
오늘이라고 쉽게 불러 주었지만
들에서 학과 함께 춤추고 노래하며 살아왔지요

어엿한 숙녀가 되었을 때
백주 할머니[32]가 알려 준 대로
원천강 부모궁에 계신다는
부모님을 찾아 나섰네요

흰모래 땅 별충당을 찾아가니 장상 도령이 십 년 동안 글을 읽고 있네요, 길을 알려 주며 자신이 언제까지 글만 읽어야 하는지 알아봐 달라네요

---

31) 계절신(季節神)은 사계절을 관장하는 신이다. 이 신은 옥황궁의 선녀로 이승에서는 오늘이라는 소녀였다. 그녀는 부모를 찾아 원천강을 다녀오면서 온갖 모험을 하고, 마침내 계절신으로 자리 잡고 이승에 계절을 전해 준다고 한다.
32) 백주 할머니는 땅신인 박이왕의 어머니이다.

황모래 땅 연화못 연꽃에게 길을 물었습니다, 알려 주며 가운데 줄기에만 꽃이 피고 다른 줄기에는 피지 않는 이유를 알아봐 달라네요
  검은 모래 땅 청수바다 이무기에게 길을 물었습니다, 알려 주며 여의주를 세 개나 갖고도 하늘에 오르지 못하는 이유를 알아봐 달라네요
  흰모래 땅 별층당과 똑같은 정자에 있는 내일 낭자에게 길을 물었습니다, 알려 주며 십 년을 읽은 공부 언제까지 해야 하는지 알아봐 달라네요

  험한 바위산을 세 번 넘고 넘어
  우물 푸는 선녀들을 만났습니다
  밑이 뚫린 바가지로 물을 뜨며 울고 있었습니다
  그 문제를 해결해 주자
  선녀들이 원천강 부모궁에 데려다주었지요

  부모궁에 들어가려니까
  험상궂은 수문장이 가로막네요
  이승 사람에게는 문을 열어 줄 수 없으니
  그만 돌아가라 하네요

머나먼 곳에서 고생고생하며 찾아왔건만
이다지도 무정하네요
차라리 목을 매려 하니
비로소 문이 열렸지요

부모님 만나 뵙고 얼싸안고 울었네요
내가 태어난 그날
옥황상제의 부름으로 이곳에 오면서
강보에 싸인 나를 학에게 맡긴 걸 알았지요

세이레 스물하루 동안
꿈인 듯, 생시인 듯
즐겁고 행복하게 지내다가 부모님과 하직할 때
오면서 부탁받은 일들을 알아봤지요

　장상 도령과 내일 낭자는 하늘이 내린 배필이므로 혼인하면 되고요
　연꽃은 가운데 줄기의 꽃을 따 처음 만나는 사람에게 주면 다른 가지에도 꽃이 핀다네요
　청수바다 이무기는 여의주 두 개를 다른 사람에게 주

면 하늘에 오를 수 있답니다

  돌아오는 길에 부탁받은 일을 모두 해결해 주고
  연꽃 한 송이와 여의주를 얻은 나
  하늘에 올라 옥황궁 선녀가 되었고요

  원천강의 사계절을 때맞춰 이승에 전하며
  아름다운 풍경을 꾸며 주는
  계절신으로 자리 잡았지요

  이때부터 이승에도
  봄 여름 가을 겨울이 시작되었고요
  멋진 사계절을 맘껏
  누릴 수 있게 되었답니다

적선을 쌓아라
– 활인적선의 신[33]

온갖 횡포 일삼던 세민임금이 죽어 저승에 갔는데, 이승에서 원수진 영혼들이 달려들었지

겨우 도망쳐 대별왕을 만났지만, 살아생전 빼앗은 재물부터 돌려주라 하네

자신의 저승 곳간은 텅 비어 있으므로 넉넉한 내일과 장상 부부의 재물을 빌려주고, 이승에 돌려보내 그 빚을 다 갚은 후에 다시 오게 했지

이승에 돌아온 세민임금
나랏일은 신하에게 맡기고
내일과 장상을 찾아 나섰어

십 년 동안 글만 읽다가
오늘이 선녀가 맺어 준

---

33) 활인적선(活人積善)의 신은 어렵고 불쌍한 사람들을 구제한다는 신이다. 내일과 장상 부부가 활인적선의 신이다. 그들은 옥황 선녀 오늘이의 도움으로 혼인하였고, 평생 적선하며 살다가 이 신이 되었다고 한다.

내일과 장상 부부 말이야

그들 부부는 주막집을 운영하며
짚신을 팔고 있었어
욕심 없이 인정을 베풀고 있었지

크게 깨달은 세민임금이 궁궐로 돌아와 곳간 문을 활짝 열었어
빼앗은 재물은 그대로 돌려주고, 남은 것은 어려운 사람들에게 골고루 나누어 주었지
또 옥문을 열어 죄 없이 잡혀 온 사람을 풀어 주고, 궁궐 밖에 주막을 내 내일과 장상 부부처럼 적선했지

적선을 많이 한 세민임금은 내일과 장상 부부를 찾아가 저승에서 빌린 것을 갚으려 했어
하지만 그들은 받지 않았지
세상은 아직 헐벗고 굶주리며 병든 사람이 많은데, 저승 곳간에 재물이 많다는 것은 부끄러운 일이라며 정중히 사양했어

세민임금이 죽어 다시 저승에 갔어
그동안 적선을 많이 한 덕에
지은 죄를 말끔히 씻고
시왕궁 문지기가 되었지

내일과 장상 부부는
공덕을 쌓고 또 쌓으며 지내다가
활인적선의 신이 되어
불쌍한 사람 구제하는 일
아직도 하고 있다네

하늘나라 사랑 이야기
- 견우와 직녀[34]

견우님, 견우님
올해도 칠월 칠석 날
까마귀와 까치는 합심해
오작교(烏鵲橋)를 만들겠지요?

천상에서 비단을 짜다가
누렁소를 몰고 가며
구릿빛으로 타는 늠름한 견우
당신을 처음 보았지요

눈길이 마주친 그 짧은 순간
나를 보고 빛나던 당신의 눈동자
마음이 통했을까?

---
34) 직녀(織女)는 천상에서 베를 짜던 여자이고, 견우(牽牛)는 소로 농사를 짓던 남자였다. 그들은 서로 사랑했지만, 은하수를 사이에 두고 만나지 못하다가 일 년에 단 한 번 까마귀와 까치가 만들어 준 오작교 위에서 만난다고 한다. 이들의 애틋한 사랑이 이루어지는 날이 바로 칠월 칠석이다.

내 눈도 반짝였죠

첫눈에 서로 반한 우리
좋아하고 사랑하며 죽고 못 살아
인연 맺고 푹 빠져 잠시
각자의 일을 소홀히 했네요

그 벌로 은하수를 사이에 두고
일 년에 단 한 번
칠월 칠석에만 허락된
짧고도 슬픈 우리의 만남

때로는 너무나 보고 싶어
몰래 만나다 꼬리가 밟혀
만남의 장소였던 은하수 다리마저
끊어지고 말았지요

공식적인 만남인 그날마저
배를 타고 어렵게 오가며
힘든 상봉을 하게 되었지만

아무도 말릴 순 없었지요

다만, 비가 너무 많이 내려
배를 띄우지 못하면
만나지 못한 슬픈 눈물까지 더하여
은하 물 흘러넘쳐 홍수가 났지요

보다 못한 까마귀와 까치
자신들의 날개를 펼치고 이어
다리 만들고 그 위에서
만날 수 있게 해 주었지요

일 년에 딱 한 번뿐이지만, 덕분에
절절한 우리 사랑
날씨와 상관없이 계속
이어 올 수 있었답니다

이승에서도 이런 우릴 기리기 위해
칠월 칠석을 기념일로 정하고
사랑하는 사람과 행복을 나누는

한여름 최고의 날로 삼았지요

견우님, 견우님
올해도 칠월 칠석 날
까마귀와 까치는 합심해
오작교(烏鵲橋)를 놓겠지요?

꽃의 이름으로 1
– 꽃감관[35]

여기—

꽃밭이 있다

꽃이 있다

다양한 꽃이 피어 있다

꽃이 좋아

온갖 꽃을 심고 가꿔

미소 짓고 감탄하게 하는

꽃 세상이 있다

보기만 해도 흐뭇한 즐거움꽃

보기만 해도 웃게 하는 웃음꽃

보기만 해도 서로 싸우게 하는 싸움꽃

보기만 해도 서로 죽이는 멸망꽃

---

[35] 꽃감관은 서천꽃밭을 관리하는 신이다. 서천꽃밭은 이승과 천상의 경계에 있는 꽃의 나라이다. 그곳에는 사람의 생명을 좌우할 수 있는 갖가지 꽃이 피어 있다고 한다.

없는 게 없는 꽃의 나라

죽은 살을 살려 내는 살살이꽃
죽은 뼈를 살려 내는 뼈살이꽃
죽은 피를 살려 내는 피살이꽃
죽은 숨을 살려 내는 숨살이꽃
죽은 혼을 살려 내는 혼살이꽃
환생꽃 다섯 송이까지

이승과 천상의 경계에
꽃 한 송이로 죽음을 부르고
꽃 한 송이로 생명도 다시 주는
양면의 꽃 세상 서천꽃밭이 있다

그곳에는 꽃의 이름으로
행복을 안기기도 하고
불행을 주기도 하며
인간 생사를 좌우할 수 있는 신
꽃감관 사라도령이 살고 있다

꽃의 이름으로 2
- 할락궁이[36]

나는 할락궁이
신산만산할락궁이
하늘 세상과 이승 사이
서천꽃밭을 가꾸는 아버지
사라도령을 찾아 떠난다

어머니를 남겨 둔 채
흰 사슴 타고
사나운 사냥개에 쫓기며 찾아가지만
짠 소금에 매운 고춧가루 함께 뭉친
메밀 범벅이 내 유일한 무기

쫓아오는 백리둥이 사냥개는
메밀 범벅 먹여 백리수를 마시러 가게 하여 물리치고

---

36) 할락궁이는 서천꽃밭을 관장하는 두 번째 신이다. 꽃감관으로 임명된 사라도령이 임신한 아내 원강아미와 함께 가다가 어쩔 수 없이 아내를 자현장자 집에 맡기고 떠났다. 태어나 장성한 아들 할락궁이가 어려움을 극복하고 꽃감관 자리를 이어받았다. 신산만산할락궁이라고도 한다.

추격해 오는 천리둥이 사냥개도
메밀 범벅 먹여 천리수를 마시러 가게 하여 물리쳤으며
따라붙는 만리둥이 사냥개까지
메밀 범벅 먹여 만리수를 마시러 가게 하여 물리쳤다

배고픈 까마귀
벌레 잡아 주며 길을 묻고
선녀의 깨진 물동이
송진 붙여 고쳐 주며 길을 물어
얕은 물, 깊은 물, 더 깊은 물 건너고
또 건너 도착한 서천꽃밭

아버지 사라도령 만나
환생꽃 다섯 송이 얻어 와
죽은 어머니 찾아내어 살려 내고
꽃으로 세상 사람 소원을 들어주고 있다

이제 꽃을 보고 감탄하며
인증 사진만 찍으려 하지 말고
그 꽃의 이름으로
네 간절한 소원을 빌라
그러면 이루리라

제3부
이승 신들의 일갈

이승을 위하여
- 소별왕[37]

형님, 형님
쌍둥이 대별왕 형님

저승보다 이승이 좋아 보여
수수께끼에 속임수까지 동원하며
부끄럽게 얻은 나라인데
다스리기가 만만치 않네요

처음엔 두 개씩이던 해와 달로 인해
낮에는 찜질방처럼 덥고
밤에는 시베리아처럼 추워
견딜 수 없는데, 거기다가
온갖 생명 모두 말을 하니
시끄러워 실망이 컸지요

---

[37] 소별왕은 옥황상제의 쌍둥이 아들 중 아우이다. 이승과 저승의 지배권을 놓고 형인 대별왕과 겨루었지만, 형만 못했으므로 속임수를 써서 자신의 의도대로 이승을 다스리게 되었다. 하지만 이승은 혼란이 가득해졌다.

그나마 형님이 저를 도와
해와 달을 활로 쏘아 하나씩 없애 주며
송홧가루 뿌려 사람을 제외하고
다른 생명은 모두
말을 할 수 없게 만들어 줘
좀 조용해 살 것 같았습니다

나름대로 최선을 다하고 있지만
이승은 갈수록 싸움이 끊이지 않고
남의 재물 빼앗는 것도 모자라
해코지하는 사람까지 사라질 줄 모르니
뾰족한 수가 없어 그만
자리를 내려놓고 싶네요

형님, 형님
쌍둥이 대별왕 형님

내가 선택한 이승이지만
도대체 왜 이 모양입니까?
확! 바꿀 수는 없나요?

땅은 모두의 것이다
– 땅신[38]

바늘 가는 데 실 가는 것처럼
하늘이 있으면 땅도 있고
이승이 있으면 저승도 있으며
남자가 있으면 여자도 있게 마련

이것이 세상의 이치
크고 작은 모든 것
존재하는 만물은
음과 양의 조화이다

이 중에서 땅을 지배하는 나는
천지왕 옥황상제의 아내 총명부인 바지왕
저승의 대별왕과 이승의 소별왕은
금쪽같은 내 쌍둥이 아들들이다

---

38) 땅신은 땅의 세상을 다스리고 지배하는 신이다. 이 신이 바로 바지왕으로 천지왕 옥황상제의 아내이며, 쌍둥이 대별왕과 소별왕을 낳은 어머니이다. 박이왕이라고도 한다.

나름 땅 세상을 다스린다고 하지만
사람들 앞에 나서지는 않는다
모든 걸 주고 받아들이며
바라지 않고 강요도 없이
지켜만 보고 있다

가끔 땅이 심하게 흔들리는 것은
욕심 많은 인간이 제멋대로
내 세상을 마구 뭉개고 더럽혀
어깨를 들썩이며 슬퍼하는 것임을
명심하고 주의하라

땅은 모두의 것이다
함부로 다루지 말라
있는 그대로 사랑하라
훼손하면 할수록 그 피해는 고스란히
너희 인간에게 돌아갈 것이다

그 자리에 그렇게 서 있다
– 장승[39]

비바람 몰아쳐 속살을 적셔도
눈보라 휘날려 온몸을 얼려도
천하대장군(天下大將軍)으로 우뚝
지하여장군(地下女將軍)으로 우뚝
그 자리에 서 있다

치켜 올라간 부릅뜬 눈
주먹코에 귀밑까지 찢어진 입
어수룩하면서도 익살스럽게
무서운 듯하면서도 인자하게
마을 어귀에 덩그러니 서 있다

입가에 밀가루 듬뿍 발라 놓고
국수값 내라 해도 헤벌쭉

---

[39] 장승은 통나무나 돌에 사람 모양을 새겨 세운 것이다. 마을 입구에 남녀를 쌍으로 세운다. 이정표 구실을 하거나, 마을의 수호신 역할을 한다. 대개 한 기둥에는 천하대장군(天下大將軍), 다른 기둥에는 지하여장군(地下女將軍)이라고 써 놓는다.

두 뺨에 분가루 살짝 칠해 놓고
분값 내라 해도 해발쪽
말없이 그 자리에 서 있다

이정표로
마을과 마을의 경계로
맡은 일은 보잘것없지만
그래도 거리의 신
없는 곳이 없다

이젠 한적한 공원까지 세워져
잡귀를 쫓는 지킴이로
사악함을 물리치는 액막이로
역할은 늘어났지만
누천년 밤낮을 가리지 않고
그 자리에 그렇게 서 있다

신비의 나라
- 도깨비신[40]

나는 도깨비신
자연물이 변한 것이거나
사람들이 오래 썼던 물건에
자연스럽게 깃든 영혼

사는 곳은 일정하지 않지만
비할 데 없이 변신을 잘하고
자유자재로 나타났다 사라지며
모습까지 다 다른 나는
사람도 두려워하지 않는 도깨비

개암 깨무는 딱! 소리에도 놀라고
씨름할 때 왼 다리 걸기가 허점으로

---

40) 도깨비는 사람 형상을 한 신이다. 우리나라의 대표적인 잡신으로 옛날이야기에 많이 등장한다. 생긴 것은 무섭지만 어수룩하고 놀기 좋아하는 것으로 묘사되었다. 도채비, 독각귀, 독갑이, 허주, 허체, 망량, 영감 등 여러 이름으로 불리기도 한다.

어리숙하고 친숙하지만
만만히 보지 마라
두 번은 속지 않는다

내가 놀기 딱 좋은 분위기는
비가 오려는 눅눅한 밤이나
안개 자욱한 음산한 밤
방망이 하나로 재주 부리며
신나게 논다

금이요, 함께 놀다 네 것이다
은이요, 함께 놀다 네 것이다
노래요, 함께 놀다 내 것이다
춤이요, 함께 놀다 내 것이다
사랑이요, 함께 놀다 같이 갖자

장난을 즐기지만 밉지 않고
미련하다고 깔봐도 아는 건 다 아는 도채비
새벽닭이 울면 감쪽같이 사라지지만
여기는 없는 게 없는 신비의 나라

노래하며 춤춰라
– 창부대신[41]

놀아 보자

놀아 봐

신나게 놀아 보자

굿거리장단으로 시작해

노래하고 춤추며 어울리다가

혼을 쏙 뺄 수 있도록

휘모리장단으로 한바탕

째지게 놀아 보자

나는 화랭이 창부대신

노래하고 춤추는 재주를 내려 주마

쇠도령과 너도령[42]도 불러 함께 즐기고

---

41) 창부대신은 예능 혹은 풍류를 담당하는 신이다. 놀이판에서 노래와 춤을 주관하며, 가정의 횡액을 막아 주는 신으로 알려져 있다. 광대신 또는 창부라고도 한다.

42) 쇠도령과 너도령은 악기의 신이다. 「풍악을 울려라 – 악기의 신」, 참고.

집안의 액을 쫓음은 물론
마을의 안녕까지 지키며
일 년 열두 달 굿판을 벌여 주마

다가와 노래하며 춤춰라
처음엔 쑥스러워 빼겠지만
그럴 필요 없다
우리 민족이라면 누구든
노래하며 춤추는 소질을 갖고 있다
흥은 타고났으니 부끄러워 말고
언제든 거리낌 없이 어울려라

즐거워도 슬퍼도 한결같이
노래는 나의 소리
눈이 오든 비가 오든 변함없이
춤은 나의 몸짓
부정을 막고 복을 부르기 위해
노래와 춤으로 마음을 나눠라
그것만이 나와 함께하는 길이다

풍악을 울려라
- 악기의 신[43]

덩덩 덩더쿵덕 덩덕쿵덕
덩 덩더쿵덕 덩 덩덕쿵덕

풍악을 울려라
우리는 쇠도령과 너도령
창부대신의 놀이판에 빠지면
팥소 없는 찐빵이 되고 마는
악기의 신이다

징과 요령같이 쇠로 만든 악기는
쇠철이 쇠도령의 관할이고
북과 장구같이 나무로 만든 악기는
너사매 너도령이 관장하니
언제든 풍악을 울려라

---

43) 쇠도령과 너도령은 악기의 신이다. 쇠철이 쇠도령은 징과 요령 같은 쇠로 만든 악기를 관장하고, 너사매 너도령은 북이나 장구 같은 나무로 만든 악기를 다스린다고 한다.

노래와 춤에는 반드시
악기의 연주가 있어야 제맛이다
진양조장단으로 시작해
중모리, 중중모리, 자진모리, 휘모리장단까지
푹 빠질 수 있도록 장단을 맞춰 주마

덩 덕쿵덕 쿵 덕쿵덕
덩 덕덕쿵덕쿵 덩 덕덕쿵덕쿵

함께 노래하고 춤추며
한바탕 신나게 놀아 준다면
얼쑤, 지화자, 좋다!
간간이 추임새까지 넣어 가며
리듬과 박자를 맞춰
흥을 북돋워 주겠다

노래가 힘들다면
어깨춤만 춰도 좋다
흥겨운 가락에 네 몸을 맡겨라
잘하고 못하고는 따지지 않는다
어울리는 것만으로도 괜찮다

마을은 내가 지킨다
- 서낭신[44]

내가 머무는 곳은
바람 불어 스산한 한길 옆
쌓아 놓은 돌무더기이거나
오색 천을 걸친 당산나무, 혹은
을씨년스러운 당집이 있는 곳

축대를 쌓으며 서진들에 살다가
성주신께 지은 죄로
마을 입구 서낭당
돌 항아리에 갇혀 있다가
서낭신으로 눌러앉았다

꼼짝 못 하고

---

44) 서낭신은 가정과 마을의 안녕을 지켜 주는 신이다. 성주신께 죄를 지어 돌 항아리에 갇혀 있던 소진랑이 서낭신이 되었다. 서낭당은 이 신이 좌정한 곳인데, 마을 어귀의 큰 나무, 고갯마루의 돌무더기, 제당 등 마을에 따라 달랐다.

오가는 행인이나 감상하며
마을과 마을의 경계로
마을의 수호신으로 자리 잡아
내 존재를 이어 가고 있다

오명 가명 이곳에
침이라도 뱉으며
애정 어린 조약돌 하나 던져 주거나
살짝 올려 관심을 보여 준다면
모든 길을 열어 주겠다

초행의 낯섦을 덜어 주고
이방인으로는 아주 드물게
재수까지 좋게 하리니
이곳에 잠깐 머물며
여독을 풀어도 좋다

이제 서낭당을 보면
곁눈질하며 경계하지 말라
못 본 척 지나치지 말라

나도 가정과 마을의 수호신이다
너의 작은 관심만이 존재의 이유이다

바람 올리다
- 바람신[45]

2월은 영등할망의 달
바람 올린다

바람과 함께 왔다가
바람과 함께 떠나는 할망에게
바람 올린다

날씨가 추우면 옷 입은 할망으로
날씨가 더우면 옷 벗은 할망으로
눈비가 내리면 우장 쓴 할망으로
바람 올린다

예쁜 따님과 동행하면
다홍치마 휘날려 흉년으로 바람 올리고

---

[45] 바람신은 바람을 관장하는 신이다. 바닷가 사람들은 영등할망을 바람신으로 모셨다. 매년 음력 이월 초하루와 그믐에 풍농, 풍어를 기원하며 마을 제사를 지냈는데, 이것이 영등할미제이다.

착한 며느님과 동행하면
다홍치마 얼룩져 풍년으로 바람 올린다

가끔 무서운 강풍이나
세찬 눈보라와 함께 찾아오는 것은
스러져 가는 인심이 서글퍼
각성하라고 보내는 징조임을
명심하고 주의하라

바람 올린다
2월은 영등할망의 달

네 가정의 안녕은 물론
풍농과 풍어를 위해
올해도 마을마다 바람 올린다

사랑과 전쟁
- 군웅신[46]

천하장사라지만 기껏 나무꾼인 내가
동해 용왕과 서해 용왕의 싸움에 끼어든 것은
재물이 탐나서가 아니오
명예를 얻기 위함도 아닌, 오직
내 짝을 찾기 위함이었소

살면서 아내를 얻는다는 것은
가장 어렵고 힘든 일이지만
내 능력껏 서해 용왕을 무찌르고
다른 건 다 마다하고 약속한 대로
연갑(硯匣)만 얻어 돌아왔소

그 속에 들어 있는 동해 용왕의 딸
우렁이각시처럼 나를 도와주는

---

46) 군웅신(軍雄神)은 군대가 싸움에서 이기고 지는 일을 관장하는 신이다. 거인 왕장군이 군웅신이다. 동해 용왕의 딸인 용녀와 결혼해 태어난 세 아들과 함께 군웅신이 되어 모든 전쟁에 관여한다고 한다.

아름다운 그 모습과 마음에 반해
내 진심을 보여 주며 사랑해
부부의 연을 맺었소

아들 셋 낳고 꿈같은 나날을 보내는데
어느 날 그녀가 떠나갔소
인간이 아니기에 언제까지
땅 위에서 살 수 없다며
눈에 밟히는 자식까지 남겨 둔 채
다시 용궁으로 돌아갔소

나보고는 세 아들과 함께
전쟁에서 군대를 다스리며
천년만년 살라 당부하더니
옷고름으로 눈물을 훔치고
손을 흔들며 떠나갔소

하여, 이제 나는 군웅신
어떤 싸움이든 합당한 명분이 있다면
기꺼이 함께하며 싸울 것이오

아무리 약한 상대라 해도
명분 없는 전쟁은 절대
도와주지 않는다는 걸 명심하시오

산에 올라라
– 산신[47]

산, 산, 산
산은 시작이다
동행이며 귀착이다

그런 산에 살며
산에서 일어나는 모든 일을
지켜보며 관장하는 나는
산신령

때로는 호랑이 모습이거나
인자한 할아버지 모습이지만
큰 산에 머물다가 산신각에 묵으며
동제(洞祭)를 받기도 한다

---

47) 산신(山神)은 산을 지키며 산에서 일어나는 모든 일을 관장하는 신이다. 이 신은 비를 내리게 하는 강우신이며, 풍요 신의 성격도 갖고 있다. 산신령이라고도 한다.

산에 의지하는 마을의 안녕은 물론
나라의 흥망까지 겪으며
속세에 뿌리를 두고
현재의 삶을 중시한다

가뭄으로 물이 필요하면
구름 불러 비를 내려 주고
사냥감이나 귀한 약초도 언제든 풍성히
곳곳에 예비해 두었다

필요하면 언제든 가져가도 좋다
꽃이 웃어도 소리가 없는 것처럼
새가 울어도 눈물이 없는 것처럼
마음만은 늘 너와 함께하고 있다

산에 올라라
혼자가 아니다
바람 불고 눈비가 내려도
네 곁에는 항상 내가 있다

부모는 셋
– 마마신[48]

예부터 부모는 셋
점지해 주신 삼신과
낳아 주고 길러 주신 부모에
누구든 피할 수 없는 손님네 마마신까지
부모는 셋

삼신과 부모만 좋아하고
마마신을 두려워 말라
무섭지만 관용과 포용도 갖고 있어
마음을 곱고 바르게 쓰면
가볍게 앓고 지날 수 있다
거뜬히 이겨 낼 수 있다

---

48) 마마신은 마마를 앓게 하는 신이다. 누구든 손님 대접을 잘하면 마마를 가볍게 앓게 되지만, 나쁜 마음을 먹고 버릇없이 굴면 모진 마마를 주어 심하게 앓다가 곰보가 되거나 죽게 한다고 믿었다.

호랑이보다 무섭다고
모른 척 꺼리고 피하며
고약한 마음에 버릇없이 굴면
미운털이 박혀
평생 곰보 얼굴로 지내거나
제명을 못 채울 수도 있다

아이들은 아픈 만큼 성장하니까
통과 의례를 이겨 내야 어른이 되니까
마마신이 주는 고통과 위기는
극복해야 할 과제이다
피할 수 없는 기회이다
더 큰 사랑이다

예부터 부모는 셋
점지해 주신 삼신과
낳아 주고 길러 주신 부모에
누구든 피할 수 없는 손님네 마마신까지
부모는 셋

광청아기, 송동지 집안에 자리하다
- 조상신[49]

제주 동김녕 마을 선주 송동지
당신은 내가 사모해 오던 그린비

진상품을 바치고 돌아가는 길에
광청 고을 내 집에 머문 당신을
그냥 보낼 수는 없었지요

모두 잠든 이슥한 밤
색시놀이 핑계로 내 방에 불러들여
꿈인 듯, 생시인 듯
날 새는 줄 모르고 함께한 열락의 하룻밤

날이 밝자 당신은
아침도 뜨는 둥 마는 둥

---

49) 조상신(祖上神)이란 자손을 보호하는 신이다. 집안마다 차이는 있지만, 광청아기본풀이는 제주시 구좌읍 동김녕리 송씨(宋氏) 집안 수호신으로 알려져 있다. 조상대감이라고도 한다.

바람처럼 제주로 돌아갔지만
진상은 한 번으로 끝나는 게 아니지요?

한 번으로 끝나면
사랑이 아니지요
오히려 연모의 정만 깊어져
딴생각은 할 수가 없었네요

다시 만났을 때
홑몸이 아님을 알고도
출륙금지령(出陸禁止令)이 발목을 잡았지만
따를 수밖에요

그 길이 영영 돌아올 수 없는
저승의 지옥 바다라 해도
함께하기로 작정하고
뱃머리를 부여잡았지요

파도에 휩쓸린 영혼, 다행히
막내딸에게 의탁한 걸 알고

영혼을 달래 주며
맺힌 한을 풀어 준 당신

그저 고마워
송씨 집안의 조상신으로 자리하고
대대로 자손을 보살피며
당신과 함께할 뿐이랍니다

이제는 날고 싶다
 - 솟대[50]

나는 진또배기
날고 싶네
날고 싶어
이제는 날고 싶네

바람 부나 눈비가 오나
날개 한번 펴지 못하고
긴 장대 끝에 올라앉아
지나가는 사람이나 지켜보며
살아온 날들이었네

한 가정의 안녕도
한 마을의 평화도

---

50) 솟대는 마을 입구에 세운 장대로 그 끝에는 새의 모양을 깎아 올렸다. 음력 정월 대보름 동제(洞祭)를 올릴 때 마을의 안녕과 수호를 빌며 세웠다. 솟대 위의 새는 대개 오리라 하며, 일부 지방에서는 기러기나 갈매기를 나타내기도 한다. 진또배기는 솟대의 강원도 사투리이다.

출세하여 세상에 이름을 떨치는 영광까지도
모두 색 바랜 지금
무슨 낙을 바라고
더 앉아 있겠나?

풀어 주게, 풀어 줘
하늘 높이 날아올라 훨훨
내 고향 찾아들어
부모 형제 만날 수 있도록
이제는 풀어 주게

놓아주게, 놓아줘
창공을 박차고 날아올라
천상에 있을 내 사랑
다시 만날 수 있도록
이제는 놓아주게
제발 놓아줘!

모정은 죽음도 막을 수 없다
- 허웅애기[51]

해와 달도 두 개씩이고
모든 생물이 말을 하며
이승과 저승이 확실히 갈라지기 전
허웅애기라는 한 여자가 살았어

남들보다 뛰어난 능력이 있었지만
젖먹이 어린 자식을 두고
저승으로 끌려가야 했던
아기 엄마 허웅애기

저승에서도 솜씨를 발휘해
베를 짜고 수를 놓으면서
자식 걱정에 눈물 마를 날이 없기에

---

51) 허웅애기는 아기 엄마였다. 죽어 저승으로 간 그녀는 두고 온 자식이 걱정되어 날마다 눈물을 흘린다. 그러자 저승왕은 그녀에게 밤이면 이승으로 돌아가 아이를 돌보고 아침에 저승으로 다시 돌아오는 것을 허락한다. 그러나 그녀가 이승에 계속 머무르려고 하다가 차사에게 잡혀 오고 만다. 이 일로 인하여 저승에 간 사람은 다시는 이승을 왕래하지 못하게 되었다고 한다.

모정은 죽음도 막을 수 없다며
저승왕이 허락한 특별한 배려

보통 사람이지만
이승과 저승 넘나들기
밤이면 이승으로 돌아가 어린 자식 돌보고
낮이면 저승에 들어와 비단 짜기

이웃집 할머니에게 들켜
솔깃한 말에 약속을 어기고
그냥 눌러앉았다가
저승차사에게 잡혀갈 때까지 계속되었지

이 일로 인해 사람이 죽으면
육신은 이승에 남고
영혼만 저승으로 떠나며
영원히 돌아올 수 없게 되었지

게다가 이승과 저승을 확실히 나누어
구분하는 관념이 굳어져
서로 넘나들 수 없는
딴 세상이 되었던 거야

변명
- 질투와 불화의 신[52]

예전에 나는 선녀
만인의 사랑을 받았지만
누구든 함부로 근접할 수 없는
천상에 살던 서수왕아기 선녀

연애 한 번 못 하고
사랑 한 번 안 하며
부모가 맺어 준 인연으로
행복하고 아름다운 생이기를 바랐는데
결혼식 날 신랑은 나를 떠나가네요

아무리 선녀라지만
사랑에 실패한 여인으로 찍힌 낙인
지울 수 없어 죽음을 부르고

---

52) 질투와 불화의 신은 사람들 사이에 질투와 불화가 일어나게 하는 신이다. 선녀였던 서수왕아기가 바로 이 신이다. 자청비를 사랑한 문도령에게 버림받아 화병으로 죽은 뒤, 질투와 불화를 일으키는 신이 되었다고 한다.

죽어서도 맺힌 한이 너무 커
영원히 돌이킬 수 없는
질투와 불화의 새가 되었지요

그런 내가 집안에 들면
머리에서 두통새가 나와
생각만 해도 골치가 아프게 하고
눈에서는 흘깃새가 태어나
예쁜 모습만 봐도 눈을 흘기게 했지요

코에서도 악심새가 흘러나와
이유 없이 악한 마음 갖게 하며
입에서조차 헤말림새가 새어 나와
부부 사이를 이간질하는 새가 되었지요

하여, 나는 질투와 불화의 신
누구든 예외가 없으니
함부로 접근하지 마세요
제발, 피해 다니세요

자청비의 사랑 이야기
- 농신[53]

부모의 근심과 탄생

새들도 새끼를 위해 벌레 잡고
거지도 자식새끼 놀리느라 해지는 줄 모르는데
우리 부모 자식 없어 시름의 나날이라
영험하다는 절에 불공을 드려
자식 한 명 얻으려 했지요

귀가 얇아 애초 약속한 절을 마다하고
다른 절에 백 일 정성을 다하니
원래 약속한 절의 괘씸죄에 걸려
아들 아닌 딸 하나 점지했지요

열 달이 지나 아기가 태어나니 나는 딸 자청비

---

53) 농신(農神)이란 농사일을 주관하는 신이다. 세경신이라고도 한다. 상세경 큰 농신은 문도령이 맡았고, 중세경 작은 농신은 자청비가 맡았으며, 하세경 목축신은 정수남이 차지했다. 자청비와 문도령의 사랑 이야기가 매우 흥미롭게 전개되는 신화이다.

하녀도 몸을 푸니 아들 정수남
하늘나라 옥황궁 문곡성도 아들을 낳으니 문도령
우리 셋은 운명적으로 한날한시에 태어났지요

문도령을 만나 함께하다

그저 먹는 일에만 잽싼 정수남은
굼뜨고 게으르기 짝이 없었지만
부모 사랑 듬뿍 받으며 자란 나는
예쁘고 똑똑하고 빠릿빠릿했지요

열다섯 살 나던 해
베틀에 앉아 비단을 짜다가
손이 고와진다는 말에
빨랫감을 모아 우물가로 빨래를 갔지요

지나가던 문도령이 물 한 바가지 청하네요
힐끗 보니 상남자로 내 맘에 쏙 들어
물 한 바가지 가득 담아

버들잎 띄워 건네주었지요

유명한 선생님께 공부하러 간다는 걸 알고
있지도 않은 오빠를 핑계로 함께하려 했지요
외동딸로 태어나 제사에 축문과 지방이라도 쓰려면
여자도 공부 좀 해야 한다고 부모님을 설득해
남장으로 그와 동행했네요

한솥밥 먹고 한방에서 자며 작정한 삼 년
잠자리에 들 땐 물 대야를 가운데 두고
놋젓가락 걸쳐 놓아 접근할 수 없게 했네요
덕분에 공부 잘하며 즐겁게 함께할 수 있었지요

어느덧 삼 년
문도령이 결혼하기 위해 돌아간다네요
나를 몰라보는 그가 야속했으나 어쩔 수 없는 일
나도 그만 하산하기로 작심하고 함께 길을 나섰지요

돌아가는 길에 다다른 주천강 여울
삼 년 묵은 때나 씻자며 미역을 감았네요

나는 조금 위쪽에서 시늉만 하다가
버들잎에 글을 써 마음을 전하고 집으로 향했지요

"눈치 없는 문도령아, 멍청한 문도령아
삼 년간 한방을 쓰고도 남녀 구별 못 한 문도령아"

그제야 알아챈 문도령
허둥지둥 쫓아오네요
잘 달래어 여장으로 부모님께 인사 올리고
하룻밤 묵어가는 것을 허락받았지요

인연을 맺고 이별하다

첫날 밤
내 부모 눈치가 보였나요?
결혼한 것이 아니라서
문도령이 쉽게 다가오지 못하네요

깊은 밤

어쩔 수 없이 내가 나섰지요
그가 누운 이불에 쏙 들어가
그동안 참았던 사랑 맘껏 풀었지요

아침은 새워도 오고
어둠의 장막을 쳐도 찾아오는 법
날이 밝자 떠날 줄 알고
돌아올 날을 물었지요

문도령이 박씨 하나 건네며 말하네요
박씨를 심어 박이 익을 때까지는 돌아오겠다고
얼레빗을 반으로 꺾어 증표로 남기고
미련 미련 떠나가네요

정수남을 죽였다 살리다

일상으로 돌아와 살림을 맡았지요
모두가 열심인데 정수남만 먹고 노네요
그를 꾸짖고 원하는 대로 마소를 줬으나

끌고 가 실컷 잠만 자다가 굶겨 죽이고 왔네요

당연히 나무랐더니 문도령을 보았다고 둘러대네요
보고 싶은 마음에 함께 찾아 나섰지만
정수남의 엉큼한 마음을 눈치채고 밤새워 실랑이하다
새벽녘에야 겨우 달래 내 무릎을 베고 잠들게 한 후
나무 꼬챙이로 귓속을 폭 찌르니
피를 흘리며 안개 사라지듯 죽고 마네요

부모님은 펄쩍 뛰었지요
정수남이 하던 일을 내가 다 한다 해도 쫓아내네요
용서받을 방법은 그를 살려 내는 것
어쩔 수 없이 환생꽃을 찾아 나섰고
고생 끝에 얻은 환생꽃 다섯 송이로 그를 살려 냈지요

정수남과 같이 집에 돌아왔더니 부모님은
사람을 죽였다 살리는 내가 더 요망스럽다며 또 쫓아내네요
떠돌다가 베 짜는 할머니에게 몸을 의탁했지요

비단을 짜며 그것이 문도령 결혼 예물이라는 걸 알고
'가련하다 자청비, 불쌍하다 자청비'
글자를 새겨 놓았지요

그 글을 본 문도령이 밤에 찾아왔네요
얼마나 반갑고 얄밉던지
문창호지 뚫고 들어온 손가락 끝을
바늘로 살짝 찔렀지요

따끔하며 붉은 피 한 방울
꽃봉오리처럼 맺히자
놀란 그가 화가 나
그냥 돌아가네요

재회와 결혼 조건

막막했지만 문도령을 찾아 나섰지요
물동이를 앞에 놓고 우는 선녀들을 만났네요
문도령이 나와 미역 감던 물

주천강 여울물을 떠 오라 했는데
그 물이 어디 있는지 몰라 울고 있다네요

물 있는 곳을 알려 주고
선녀들의 도움으로 하늘에 올라
그의 집 근처에 숨어 있다가
나를 못 잊어 배회하는 그에게 다가갔지요

아, 재회!
엷은 구름에 보름달 흘러가듯
정과 회포를 풀고 나니
그가 부모님께 허락을 구하네요

    "새 옷이 따뜻할까요, 묵은 옷이 따뜻할까요?
    새로 만든 장이 달까요, 묵은장이 달까요?
    새 사람이 좋을까요, 묵은 사람이 좋을까요?"

지난 일을 얘기하고
나와 결혼하겠다고 나서니
그의 부모님은 조건을 걸고 허락하네요

구덩이에 숯 한 섬을 넣어 불을 피우고
그 불 위에 시퍼런 날이 선 작두를 놓아
맨발로 칼날을 밟고 건너와야
며느리 자격이 있답니다

통과 의례를 단단히 치렀지요
문도령은 극구 말렸지만
옥황상제님께 두 손 모아 기도하고
칼날 위를 맨발로 사뿐사뿐
피 한 방울 흘리지 않고
춤추며 건넜답니다

변란을 평정하고 농신이 되다

마침내 결혼을 허락하네요
금실 좋은 부부로 소문이 자자한데
하늘에 뜻밖의 난이 일어
문도령이 선봉에 서게 되었지요

내가 대신 나서
수리멸망악심꽃54)으로 난을 평정했더니
옥황상제님이 무슨 소원이든 들어주겠다네요
하여, 이승에 필요한 오곡
그 씨앗을 달라고 했지요

씨앗을 받아 이승에 내려와
농사를 시작했는데, 깜빡
메밀 씨를 놓고 왔네요
천상에 다시 올라 가져오는 바람에
밀 수확은 조금 늦게 되었답니다

이런 이유로 한날한시에 태어난 우리 셋
문도령은 상세경 큰 농신으로 자리 잡고
나는 중세경 작은 농신으로 보조하며
정수남은 하세경 목축신이 되어
지금까지 세 경신으로 잘 지내고 있답니다

---

54) 수리멸망악심꽃은 서천꽃밭에 피어 있는 여러 꽃 중 하나이다. 이 꽃을 본 사람은 반드시 죽게 된다는 무시무시한 꽃이다. 멸망꽃이라고도 한다.

제4부
저승 신들의 일갈

저승에서 이승으로
– 대별왕[55]

아우님, 아우님
쌍둥이 소별왕 아우님

아버지 옥황상제 천지왕은 하늘을 다스리고
어머니 총명부인 바지왕은 땅을 지배하며
아우님과 내가 이승과 저승을 관장함은 세상의 이치
한 치의 흔들림도 없어야 하네

지금 아우님이 겪고 있는 문제
부탁하면 능력껏 도와줄 수 있지만
이승을 다스리고 지배하는 것은
온전히 아우님의 몫
아우님의 깜냥으로 풀어 나가야 할 것이네

---

55) 대별왕은 옥황상제의 쌍둥이 아들 중 형이다. 이승과 저승의 지배권을 놓고 아우 소별왕과 겨루었으나, 그의 잔꾀에 패하여 이승을 양보하고 저승을 다스리게 된 신이다. 저승 시왕의 윗자리에 있다고도 한다.

애초에 아우님이 이승을 탐내고 있음을 알고
잔꾀에 넘어가는 척 양보하며
미련 없이 저승을 떠맡아
시왕과 함께 경영해 오고 있네

저승은 처음부터 법과 제도가 샘물처럼 맑고
위정자의 치세가 엄정하고 추상같아
나쁜 사람이 착한 사람 해코지할 수 없으며
이승에서의 삶을 근거로
선악을 칼같이 준수하여
나름의 질서가 잘 유지되고 있네

아우님, 아우님
쌍둥이 소별왕 아우님

이승과 저승
어디가 더 좋은지 모르겠지만
이승을 낙원 부럽지 않게 잘 다스려
계절마다 꽃 피는 곳으로 만들어 보게나

개똥밭에 굴러도
이승이 저승보다 낫다는 말
자신 있게 증명해 보이게나
실천해 보이게나

오구굿
- 바리공주[56]

출생

옛날 옛적 어비대왕과 길대부인
칠월 칠석에 결혼하여
금실 좋은 부부가 되었지만
딸만 내리 일곱을 낳네

첫째 딸은 복덩이 청대공주 해님데기
둘째 딸은 살림 불릴 홍대공주 달님데기
셋째 딸은 노리개로 녹대공주 별님데기
넷째 딸은 재롱둥이 황대공주 물님데기
다섯째 딸은 덤으로 흑대공주 불님데기
여섯째 딸은 섭섭이 백대공주 흙님데기

고대하고 고대하던 일곱째도 또 딸

---

[56] 바리공주는 망자의 혼을 저승으로 인도하는 최고의 여신이다. 영혼을 위로하고 저승으로 인도하기 위하여 베풀어지는 굿에서 구연된다. 바리데기, 오구풀이, 칠공주, 무조전설이라고도 한다.

기대만큼 실망과 노여움도 컸던 어비대왕
차라리 내다 버리라 명령하니
누가 감히 거역할까?

이름조차 갖지 못하고 버려졌지만
소와 말도 버린 아이 다칠까 피해 다니고
서광이 비쳐 일반인은 접근을 못 하니
아예 튼튼한 상자에 넣어
강물에 띄워 멀리멀리 보내네

어린 바리데기

검푸른 강가 한 귀퉁이로
상자에 담겨 흘러온 위험이었는데
인자한 할아버지와 할머니를 만나
행복하게 살아온 날들이었습니다

새들은 푸른 하늘 날고
시원한 바람 머릿결을 스치며 속삭입니다
아직은 때가 아니지만

언젠가 다시 만날 수 있으니
희망을 품으라고

흐르는 강물을 바라봅니다
어디서 흘러와 어디로 가는지
문득문득 알고 싶지만
이곳의 강물은 평화롭습니다
아무 일 없는 듯 잔물결만 살랑입니다

아들이기를 간절히 바랐는데
일곱째도 역시 딸이므로
아무런 색깔도 없이 버려진 삶이기에
있는 듯, 없는 듯
지내고 있습니다

나를 숨기며 살고 있지만
언젠가 다시 만났을 때
버려진 티가 나지 않도록
예쁘게 성장해 이름값 하겠습니다

길 떠나는 바리데기

떠난다
길 떠난다
약수를 찾아 길 떠난다

어렵고 위험한 일이기에
모두가 마다하니
남은 건 태어나자마자 버려진 딸
바리데기

힘들게 찾아
다시 만난 기쁨도 잠시
약수를 구하기 위해
길을 떠난다

인간은 죽음에서 벗어날 수 없다
그것은 오랜 숙제이기에 누구나
미련을 버리지 못하고
작은 희망 품겠지만

유한한 것이 인간의 생명이다

좋은 약과 비싼 음식으로
수명을 조금 늘릴 수 있다지만
영원히 사는 것은 아니다
그럴 수도 없다

그래도 구해 먹고 싶은 것이 인간의 욕심
하여 길 떠난다
부모님의 생명을 연장하기 위해
도리를 다하기 위해
길 떠난다

고난의 길

고난의 길을 걷는다
산더미 빨래 깨끗이 빨아 주기
끝이 없는 밭 갈아 주기
함지의 검은 숯 하얗게 씻어 주기

풀 한 포기 뽑고 염불 외기를 반복하며
고행의 길을 걷는다

그것도 모자라
험한 바위산 꽃송이 던지며 넘고
방울 흔들어 찾아낸 길을 따라
도착한 서천서역국 동대산

약수 관리자 만나 인연 맺어
길값으로 땔감 마련해 주고
꽃값으로 불 때 주며
약수값으로 물 길어 주는 사이
아들 삼 형제까지 얻었네

서천꽃밭에서 죽은 사람 살려 내는
환생꽃 다섯 송이 받아 들고
드디어 얻는 약수이지만
무정한 약수 관리자는 하늘로 오르고 마네

아들 삼 형제 안고 업고 이고

급히 돌아와 보니
부모님은 이미 꽃상여 타고
황천길 향하고 있네

부랴부랴 환생꽃으로 죽은 생명 살려 내고
약수를 드시게 하니
다시 살아나 기뻐하고 기특해하지만
어쩔거나, 어쩔거나?
남는 건 불효뿐이네

망자의 영혼 천도

이승에서의 운명이 다한 망자여
부질없는 인연 거두고 저승으로
구름처럼 바람처럼 떠날 채비를 하자

나는 바리데기
슬픔과 두려움에 떨며
낯선 길을 가야 하는 네 영혼을

저승으로 인도하겠다

저승은 산 넘고 물 건너
먼 곳이 아니다
미련만 없다면 문지방 넘어가 그곳
그리움도 사랑도 내려놓으면
윤회의 길은 가까이에 있다

이승에서 그대가 걸어온 길에
선명한 무지개가 있었다면
가슴에 묻은 슬픔조차
고운 꽃의 밑거름이 될지니
저승길은 언제나 즐거운 여행이다

무서워 마라, 망자여
이승에서 쌓은 선과 악을 바탕으로
저승 시왕의 심판을 받고
그 결과에 따라 다시 태어나리니
두려워 마라, 망자여!

나들이 가세
- 저승길신[57]

두려워 말게, 두려워 마
무서워 말게, 무서워 마

저승길이 아무리 험난하다 해도
우리가 있네
걱정하지 말고 나들이 가듯
가벼운 마음으로 따라오게나

우리는 바리공덕 할멈과 할범
마른 체형에 굵은 주름
지조 있는 인자한 얼굴로
소박하고 성실하게 살다가
저승길 안내자가 된 늙은이들이라네

긴 인생 살아오면서 욕심 없이

---

57) 저승길신은 망자의 저승길을 안내한다는 신이다. 바리공덕 할멈과 할범이 저승길신이다. 바리데기를 기른 할아버지와 할머니로 신이 되어 망자의 저승길을 안내하고 있다고 한다.

떠돌이에게 자리를 내어 주고
헐벗은 사람에게 입은 옷 벗어 주며
어우렁더우렁 모나지 않게
양보하고 베풀며 살았지

그중에서도 어린 바리공주를 만나
젖동냥하며 애지중지 키워
어엿한 숙녀로 성장시킨 인연은
하늘이 우리 부부에게 준
마지막 선물이었고 보람이었네

누구에게나 삶은
온탕과 냉탕의 연속
바람 잘 날 없으니
그 바람 막고 즐기며 살게나
받아들이고 웃으며 살게나

이승에서 쌓은 공덕의 탑은
저승까지 이어진다는 것을 명심하고
손해 보듯 살다가
우리와 함께 저승으로 **훨훨**
나들이 가세

이젠 저승에 들고 싶어요
- 객귀[58]

애고, 비나이다
애고 애고, 비나이다
애고 지고, 비나이다
저승 시왕께 비나이다

인제 그만 저를 용서하소서
객귀가 되어 떠도는 것도 지쳤습니다
살지도 죽지도 못하는 이 영혼
가엾고 불쌍히 여기시어
저승에 드는 것을 허락하소서

살아생전 심술궂었고 불효했던 것
깊이깊이 반성합니다
나만 살겠다고 구두쇠 노릇을 하며

---

[58] 객귀(客鬼)란 죽어서도 저승에 들지 못하고 떠도는 영혼이다. '장자풀이'에 등장하는 사마장자는 인심 사나운 부자로, 저승사자에게 융숭한 대접을 하고 목숨을 건지지만, 저승 명부에서 이름이 지워져 객귀로 구천을 떠돌고 있다고 한다.

조상 제사까지 허투루 모셨습니다

가족이나 이웃, 친척은 물론
집안의 가신들까지 무시하고
대접 한번 제대로 안 하며
오로지 내 몸만 위했습니다

저를 잡으러 온 저승차사들
음식과 옷과 신발로 매수하고
잔꾀를 부려 목숨을 구걸한 죄
죽어 마땅합니다

착한 며느리 말 무시하고
다시 준 기회마저 뭉개 버렸다가
저승 명부에서 이름이 지워져
이제껏 객귀로 구천을 떠돌고 있습니다

비나이다, 비나이다
저승 시왕 님께 비나이다
제발 이 영혼 잡아가 주세요
이젠 저승에 들고 싶어요

착하게 살라
- 고지기[59]

아무리 귀하고 부자라 해도
놀부같이 심술궂고 인색하다면
주위에는 찬 바람만 불고
진실한 사람이 없을 것이다

비록 천하고 가난하다 해도
흥부같이 효도하며 형제간에 우애 있다면
주변에는 항상 훈풍이 불고
진실한 사람이 넘칠 것이다

타고난 성품과 기질
갈고닦으며 쌓아 온 인간 됨됨이에 따라
지고 가야 할 짐은 별처럼 무수하고
사후 역할도 달라지는 법

---

59) 고지기란 저승에서 곳간을 지키는 신이다. 저승에는 사람마다 곳간이 하나씩 있는데, 이승에서 남에게 은혜를 베풀 때마다 재물이 쌓인다고 한다. 그 곳간을 지키는 고지기가 바로 '장자풀이'에 등장하는 우마장자이다.

욕심 안 부리고 인정 나누며
꽃처럼 아름다운 인생이었다면
이승이 알아주고 저승까지 소문나
곳간이 풍성해지고
어디서든 인정받을 것이다

착하게 살라
복 짓는 일이다
저승 고지기 우마장자가 그랬던 것처럼
바보인 듯 웃으며
착하게 살라

흔들리지 말고
한눈팔지도 말며
엄마 같은 마음으로
사랑하고 베푸는 삶
그것만이 행복한 윤회의 길이다

신발을 조심해
- 야광귀[60]

신발은 그 주인의 얼굴이다
함부로 차거나
엎어 놓거나
실수로라도 밟지 마라

몽땅한 키에 삐뚤이인 나는
맨발에 허우룩한 옷차림으로
이슥한 밤에만 활동하는
신발 귀신 야광귀이다

전생에 구두쇠로 살다가 죽어
헐벗은 지옥 귀신으로
추위에 떨며
굶주리고 있다

---

60) 야광귀(夜光鬼)는 신발 귀신이다. 섣달그믐날 깊은 밤에서 정월 초하룻날 새벽 사이, 잠든 아이의 신발 중에서 자기 발에 맞는 신발을 신고 간다고 한다. 도둑맞은 신발의 주인은 그해에 안 좋은 일이 있다는 속설이 있다.

그나마 내가 맡은 일은
인색한 영혼들의 지옥 안내
일 년 내내 그 일만 하다가
섣달그믐날 깊은 밤에서 정월 초하루 새벽 사이
단 한 번 휴가로 이승에 내려온다

우선, 신발이 없기에
잃어버린 내 것을 찾아
집집 뜨락에 놓인 신발을 신어 보고
발에 꼭 맞는 것이 있으면
내 것으로 알고 가져간다

신발을 감춰라
내가 들어갈 수 없는 안방이나
마루 밑 깊숙이 엎어라도 놔라
그게 어렵다면 대청 기둥에
채라도 걸어 둬라

내 유일한 취미는 채의 구멍 세기
하나, 둘, 셋, 넷이 헤아림의 전부지만

반복 또 반복하며 구멍의 개수를 세다가
닭이 울면 부랴부랴 저승으로 향한다

간수를 잘하라
신발을 잃는다는 것은
자신의 분신을 잃어버리는 것
애인처럼 아껴라

지옥문 비렁뱅이
- 과양상[61)]

김치고을 까치못 우물가에 살던
청상과부 과양상은
심술궂고 엉큼하며
재물 욕심 많았지요

범을임금 아들 삼 형제가 왔을 때
그들이 가진 것이 탐나
환대하는 척하다가 가볍게 죽여 버리고
까치못에 던졌지요

그러자, 연못에 꽃 세 송이 피어나네요
너무 예뻐 얼른 꺾어 와
대문에 걸어 놓고 자랑했는데
지날 때마다 그 꽃들이 귀찮게 해

---

61) 과양상이는 욕심 많고 자신만 알며 생명을 경시했다. 범을임금의 아들 셋을 죽인 죄로 살 빼는 벌 삼천 년, 뼈 깎는 벌 삼천 년, 피 말리는 벌 삼천 년을 살게 한 후, 지옥문 앞에서 비렁뱅이로 얻어먹는 벌을 받고 있다고 한다.

아예 불태워 버렸습니다

그랬더니, 영롱한 구슬 세 개가 나오네요
자기 것으로 만들려고
누가 보기 전에 냉큼 집어
꿀꺽 삼켜 버렸지요

그때부터 배가 불러 온 그녀
아들 세쌍둥이를 낳았네요
꿈같은 행복한 나날
너무 좋았지요

삼 형제 잘 자라며 똑똑해
과거에 급제하여 이름을 떨치고
돌아와 어머님께 절한다고 엎드렸는데
허허, 일어날 줄 모르고 그만
죽어 버렸네요

남의 자식 죽이는 일은
식은 죽 먹듯 했던 과양상

내 자식 죽음 앞에서는
애가 끊어지는 듯했지요

원통하고 분통해 울고불고
원님께 고발했네요
원인을 밝혀 달라고
매일매일 찾아가 들들 볶았지요

그러나, 그러나, 그러나
강림도령[62] 덕에
염라대왕 무릎 아래서
낱낱이 밝혀진 사실들
쥐구멍에라도 숨고 싶었지요

결국, 과양상이는 지옥문에서 비렁뱅이로 살며
살 빼는 벌 삼천 년
뼈 깎는 벌 삼천 년
피 말리는 벌 삼천 년
푸지게 살고 있답니다

---

62) 강림도령은 저승 삼차사 중 한 명으로 염라대왕의 차사이다. 「길 떠나자, 망자여 – 저승 삼차사」, 참고.

길 떠나자, 망자여
- 저승 삼차사[63]

길 떠나자, 망자여
이승의 미련은 접어 두고
이승의 인연은 끊어 버리고 그만
길 떠나자, 망자여!

너를 데리러 온 우리는 한낱 심부름꾼
적패지(赤牌旨)[64]에 적혀 있는 운명대로
네 영혼을 저승으로 데려가
시왕께 인도할 뿐
어떤 원한도 사심도 없다

우리가 이승에서 인간으로 살 때
어수룩하지만 힘이 센 염라대왕의 사자로

---

63) 저승 삼차사는 죽은 사람의 영혼을 저승에 데려간다는 신이다. 보통 세 명의 차사가 함께 오는데, 염라차사 강림도령과 저승차사 해원맥, 이승차사 이덕춘을 저승 삼차사라고 한다.
64) 적패지(赤牌旨)란 붉은 천에 저승으로 가야 할 자의 이름이 적혀 있는 명부이다.

무예가 뛰어나 하늘 일을 보는 일직차사로
두뇌가 명석해 땅의 일을 보는 월직차사로
각각 낙점을 받아 저승 일을 함께할 뿐
이승의 삶은 잊은 지 오래다

가끔 망자를 못 찾고 헤매다가
잘 차려 놓은 사자상
음식과 옷과 신발에 현혹되어
일을 그르치기도 하지만
공포의 대상은 절대 아니다
두려워 말라

슬퍼하지도 말라
너의 이승 삶이 우러러 아름다웠다면
시왕의 심판도 가볍게 통과해
낙원이나 이승에 다시 태어나
행복한 윤회의 길을 걸을 것이니
즐거운 마음으로 동행하라

길 떠나자, 망자여

이승의 미련은 접어 두고
이승의 인연은 끊어 버리고 어서
길을 떠나자, 망자여!

첫 관문은 가볍게
- 저승 일 시왕 진광대왕[65]

망자여, 죽은 지 이레가 되었느냐?
부들부들 떨지 말고
주춤주춤 헤매지 말고
내게 오라
살아생전 네 공덕과 악행을 구분하여
악을 끊고 선을 닦게 하겠다

나는 저승의 제일 시왕 진광대왕
해와 달을 상징하는 관을 쓰고
홀을 들고 바르게 앉아
망자들을 처음 맞이하며
시퍼런 칼날이 우거진
도산지옥을 가지고 있다

---

65) 저승의 일 시왕 진광대왕(秦廣大王)은 망자가 죽은 지 칠 일째 되는 날 만나게 되는 저승의 첫 번째 시왕이다. 망자의 서류를 심사하고 생전의 선행을 조사하며, 다른 시왕에게 보내 심판과 벌을 받게 한다고 한다. 칼 세상 도산지옥(刀山地獄)을 가지고 있다.

누구든 죽으면
저승의 첫 관문으로
내게 와 심판을 받겠지만
여기는 단순히 서류만 심사할 뿐
악행 중 살인만 없다면
가볍게 통과할 수 있는 곳이다

저승에는 모두 열 명의 왕이 있어 시왕이다
우리는 망자들의 이승 행적을 살펴
나름의 벌을 내리고
죄 씻음을 행하며
윤회의 길을 결정하여
다시 태어나게 할 것이다

이제 슬픔을 거두고 안심하라
이승의 인연은 여기까지
미지의 저승길이 기다리고 있다
자, 마음을 비우고 출발하라!

내 사전에 자비란 없다
- 저승 이 시왕 초강대왕[66]

어서 오라, 망자여!
도산지옥을 무사히 통과했다고
우쭐대지 마라
너희가 도착한 이 강이 바로
그 어마무시한 초강이다

여기는 저승의 둘째 관문
죽은 지 두 번째 칠 일부터
나 초강대왕의 심판을 받으리니
긴장을 풀지 말라
정신을 빠짝 차려라

초강에 다다른 너희 망자 중
남의 물건을 탐낸 자

---

[66] 저승의 이 시왕 초강대왕(初江大王)은 죽은 자가 두 번째 칠 일에 맞이하는 시왕이다. 망인이 초강 건너는 것을 감시하므로 초강대왕이라고 한다. 타는 불과 끓는 물의 화탕지옥(火湯地獄)을 가지고 있다.

수고 없이 이익을 취하거나 눈속임을 한 자
빌린 것을 갚지 않은 자
나쁜 말로 남의 마음을 아프게 한 자

이런 망자들만 철저히 골라내어
끊임없이 타는 불과
물이 끓어 넘치는
화탕지옥에 처넣으리니
거기에서 자신의 죄를 씻고 반성하라

울고불고 애원해도 소용없다
이미 늦었다
내 사전에 자비란 없다
한 치의 치우침도 없이
법과 정의
원칙에 따를 뿐이다

사랑을 심판하다
- 저승 삼 시왕 송제대왕[67]

날이 밝았느냐?
죽은 지 세 번째 칠 일이 되었느냐?
이제부터 저승의 삼 시왕 나 송제대왕은
망자의 사랑을 심판하리라

마음이 순결하지 못하고 음흉했던 영혼
일방적 구애로 상대를 난처하게 했던 영혼
정인을 불안하게 했던 영혼
연인의 외로움을 풀어 주지 못한 영혼
남의 연인을 생각하고 탐했던 영혼

이런 영혼에 용서란 없다
모든 걸 얼려 버리는 한빙지옥에 가둬
사랑의 중요함을 깨닫게 하리니

---

67) 저승의 삼 시왕 송제대왕(宋帝大王)은 죽은 자가 세 번째 칠 일에 맞이하는 시왕이다. 주로 사랑에 관한 일을 심판하며, 죄가 있는 영혼은 얼음 세상 한빙지옥(寒氷地獄)에 얼려 죄를 씻게 한다.

자신 있는 망자만
내 관문을 통과하라

사랑이란 순수한 마음으로
주고 또 주며 대가를 바라지 않고
상대의 마음을 헤아리는 것임을
절실히 깨닫게 하리니
인생에서 가장 중요한 것이 사랑이다

이승은 그런 사랑이 있기에
비바람 몰아쳐도 이겨 낼 수 있고
무지개가 있는 평화로운 세상 유지하며
어우렁더우렁 살아가는
아름다운 세상이다

자랑하는 사랑은 덜 익은 과일이다
무르익기 전에 떨어질 수 있나니
조심조심 자신을 낮춰야 한다
사랑 앞에서는 늘 겸손해야 한다
완전히 익기를 기다려야 한다

오계(五戒)를 지켜라
- 저승 사 시왕 오관대왕[68]

저승에서도 시간은 흐르고
공간도 변하게 마련
죽은 지 벌써 네 번째 칠 일이다

이제부터 저승의 사 시왕 나 오관대왕은
망자의 죄를 업의 저울에 달아
인생의 가장 근본인 다섯 가지 계율, 즉
오계(五戒)를 심판하리라

살아 있는 생명을 죽였었느냐?
남의 것을 훔쳤었느냐?
삿된 음행을 하였었느냐?
거짓되고 망령된 말을 하였었느냐?
술 먹고 주사를 하였었느냐?

---

[68] 저승의 사 시왕 오관대왕(五官大王)은 망자가 네 번째 칠 일에 맞이하는 시왕이다. 다섯 가지 계율, 즉 오계(五戒)를 심판하는데, 이를 지키지 못한 영혼은 시퍼런 칼 세상 검수지옥(劍樹地獄)에 빠뜨려 죄를 닦게 한다.

이 중 하나라도 어긴 망자는
시퍼런 칼날이 우거진 검수지옥에 빠뜨려
핏빛 선연한 상처로
죄 닦음의 시련을 겪게 하여
영혼을 깨끗이 정화하리라

명하노니, 망자들이여!
오계에서 자유로운 영혼만
내 관문을 통과해
염라대왕께 가라
가서 인간답게 살았음을 증명하라

여기는 저승의 네 번째 관문
아직도 죄 씻음은 남아 있다
갈 길은 멀다
서둘러라 망자들이여!

시왕을 대표하다
- 저승 오 시왕 염라대왕[69]

저승의 오 시왕 나 염라대왕은
이름만 들어도 으스스한
시왕을 대표하는 판관이다

죽은 지 다섯 번째 칠 일이 되는 날
모든 망자는 내 무릎 아래 꿇어앉아
심판을 받게 되리라

누구는 내가 문밖에서 기다린다고 쉽게 말하고
나도 돈 쓰기에 달렸다고 빈정거리는가 하면
돈 앞에서는 나도 한쪽 눈을 감는다며 막말하고
내가 제 할애비라도 벗어날 수 없다며 깐죽거리지만
아니다, 그런 소리 마라

---

69) 저승의 오 시왕 염라대왕(閻羅大王)은 망자가 죽은 지 다섯 번째 칠 일, 즉 삼십오 일째 되는 날부터 심판하는 시왕이다. 민간신앙과 신화에서 시왕을 대표하는 존재로 인식되어 있다. 혀를 뽑는 발설지옥(拔舌地獄)을 다스린다.

내 앞에는 망자의 이승 행적을 비춰 보는 거울
업경대가 놓여 있어
모든 죄가 낱낱이 비친다
거짓은 통하지 않는다
요행을 바라지 말라

도둑질에 음행을 일삼고
살생을 저지른 자는 물론
부모님이나 어른들의 말에 불손했거나
입방아로 일가의 화목을 깨뜨린 자까지
벗어날 수 없다
용서할 수 없다

이런 자들은 혀를 길게 빼 뽑는
발설지옥에 떨어뜨려
다시는 말할 수 없게 하여
이승의 죄를 닦게 하겠다

저승의 시왕은 누구든
정의와 상식에 맞게 판결하노니

부끄러운 일은 눈곱만큼도 없다
명심, 또 명심하라!

네 가까이에 있다
- 저승 육 시왕 변성대왕[70]

변성이란 변신이다
몸이 변하는 것이니
아무나 할 수 있는 일이 아니다

여기까지 온 너희 망자 중
염라대왕의 업경에 비춰
재판을 받고도 여죄가 남았다면
변신의 귀재인 저승의 육 시왕
나 변성대왕을 벗어나지 못할 것이다

죽은 지 여섯 번째 칠 일을 관장하며
무거운 쇠공의 들판을 건너
지은 죄를 씻고

---

70) 저승의 육 시왕 변성대왕(變成大王)은 죽은 지 여섯 번째 칠 일, 즉 사십이 일째 되는 망자를 심판하는 시왕이다. 신을 모독하고 천지조화에 대하여 저주하며, 세속적으로 이용한 망자에게 벌을 준다고 한다. 징그러운 독사지옥(毒蛇地獄)을 관장한다.

악을 멈추며
선을 행하도록 권장하고 있다

특히, 신을 모독하는 말을 하였거나
천지조화를 저주하고 원망한 자
신의 물건을 세속적인 목적으로 이용한 자들까지
뱀에게 온몸이 휘감기는
독사지옥에 빠져
징그러움의 공포를 맛볼 것이다

명심하라
신은 언제 어디든 존재한다
눈에 띄지 않거나
보고도 몰라볼 뿐
항상 지켜볼 수 있는 네 주변
가까이에 있다

교만은 최대의 적
흘러가는 구름처럼 마음을 내려놓고
겸손하게 처신하며

항상 몸을 낮춰
착하게 사는 것이 최선이다

윤회의 길을 점검하다
- 저승 칠 시왕 태산대왕[71]

망자의 일곱 번째 칠 일은
이승에서 사십구 제 열리는 날
지노귀굿이 벌어진다

이 일을 관장하는 나는
저승의 칠 시왕 태산대왕
선악의 경중에 따라
다시 태어날 육도(六道)를 미리 점검한다

평생 인덕을 쌓고 심신을 닦은 영혼
모든 욕망을 풀며 즐거움을 누릴 수 있는 낙원
천상계(天上界)로 가리라

오계를 지켰지만, 가끔 선을 실천했던 영혼

---

[71] 저승의 칠 시왕 태산대왕(泰山大王)은 망자의 일곱 번째 칠 일, 즉 사십구 제를 관장한다. 인간이 이승에서 저지른 선악을 기준으로 죄인이 다시 태어날 곳을 미리 정한다. 이를 육도(六道)라 한다. 톱으로 몸을 자르는 거해지옥(鋸骸地獄)을 가지고 있다.

무상도 느끼지만 의지대로 할 수 있는 이승
인간계(人間界)로 다시 태어날 것이다

아직도 분노를 삭이지 못하고 헤매는 영혼
지혜는 조금 있으나 싸움이 끊이지 않는 아수라장
아수라(阿修羅)로 보낼 것이고

나쁜 짓을 밥 먹듯 한 영혼
약육강식의 고통이 항상 공존하는 세상
축생계(畜生界)가 제격이다

욕심 부리고 인색하며 파렴치했던 영혼
몸이 바싹 마르고 벌거벗은 채 고통받는 지옥
아귀도(餓鬼道)에 빠질 것이며

남에게 해를 끼쳤거나 살생한 영혼
지하 감옥인 지옥도(地獄道)에 떨어져
괴로움이 끝이 없을 것이다

육도에 포함할 수 없는 영혼
톱으로 몸을 자르는 거해지옥에 가둬
지옥의 쓴맛을 겪게 하리라

영혼은 평등하다
- 저승 팔 시왕 평등대왕[72]

아직도 헤매고 있다면
저승의 팔 시왕 나 평등대왕에게로 오라
죽은 자가 맞이해야 하는
백 일을 관장하고 있다

내 앞에서는 누구나
똑같은 대접을 받는다
공평하게 죄와 벌을 다스리기에
이름조차 평등대왕이다

너그럽고 인자하므로
진심으로 뉘우치는 영혼에게는
그 죄를 덜어 주는 자비도 베풀 수 있다
허허 웃으며 넘길 수도 있다

---

72) 저승의 팔 시왕 평등대왕(平等大王)은 죽은 자가 맞이하는 백 일을 관장하는 시왕이다. 공평하게 죄와 벌을 다스린다는 뜻에서 평등대왕이라 부른다. 뜨거운 쇠판 위에서 온몸이 타는 철상지옥(鐵床地獄)을 가지고 있다.

그렇다고 물렁물렁하게 보지는 말라
없는 죄 만들지 않을 뿐
분명하게 지은 죄 달게 받아야 한다
감수해야 한다

그래도 반성의 기미가 부족하다면
얼음 덮인 산을 통과하며
반성하게 한 후
뜨거운 쇠판에서 온몸이 타는
철상지옥에 빠지리라

영혼은 평등하다
지위의 높고 낮음을 막론하고
신분의 귀하고 천한 것도 따지지 않으며
부자와 빈자도 가리지 않는다
모든 망자에게 공평하다

심판의 날이 끝나 간다
- 저승 구 시왕 도시대왕[73]

죽은 지 일 년이 되었느냐?
먼 길을 지나왔다
반성 좀 하였느냐?
나는 저승의 아홉 번째 시왕 도시대왕이다

이승 삶은 즐거운 것
내려놓지 못하고 욕심을 부렸다면
마음에서 행복은 떠나고
교만만 득시글댔을 것이다

생명도 소중한 것
어느 생명이든 존중하고
아끼며 지켜 줄 때
진정한 평화가 깃드는 것이다

---

73) 저승의 구 시왕 도시대왕(都市大王)은 죽은 지 일 년이 된 망자를 심판한다. 방화범, 낙태 시술자, 외설적인 그림을 그리거나 감상한 자, 이유 없이 자살한 자를 심판하고 벌을 주는 시왕이다. 칼바람 부는 풍도지옥(風途地獄)을 다스린다.

이런 삶을 살지 못하고
귀중한 생명을 죽인 자
방화를 저지른 자
외설적인 그림을 그리거나 감상한 자
자살했거나 불륜을 저지른 자

이런 망자들만 쏙쏙 골라내어
칼바람 부는 풍도지옥에 가둬
지옥의 쓴맛을 겪게 하고
영혼을 깨끗이 정화하리라

이제 심판의 날이 끝나 간다
이승 삶의 결과에 따라
새롭게 태어날 곳을 결정하는
마지막 시왕께 가라

윤회의 길
- 저승 십 시왕 오도전륜대왕[74]

무사히 여기까지 온 망자들이여
기뻐하라!
이젠 마지막 심판
최종 판결을 내릴 때이다

이 일을 맡은 나는 오도전륜대왕
저승 시왕 중 열 번째 판관이다

이승에서도 삼 년 상(喪)을 마치겠지만
지옥에서도 삼 주기 일은 내가 관장하여
망자들이 다시 태어날 육도(六道)를
한 치의 오차 없이 최종적으로 결정하고
윤회의 길을 걷게 하겠다

---

74) 저승의 십 시왕 오도전륜대왕(五道轉輪大王)은 망자가 삼 년째 되는 날 맞이하는 열 번째이자 마지막 시왕이다. 이승에서의 행위에 따라 다시 태어날 윤회의 길을 최종적으로 결정한다고 한다. 밤낮의 구분이 없어 아무것도 보이지 않는 흑암지옥(黑闇地獄)을 관장한다. 전륜대왕(轉輪大王)이라고도 한다.

다만, 남녀 구별을 몰라
자식을 낳지 못한 자가 있다면
밤낮의 구분이 없어 아무것도 보이지 않는
흑암지옥에 떨어뜨리고
저승의 여정을 마감하겠다

각자 윤회의 길을 걸으며
맡은 바 일에 최선을 다하라
욕심을 부리면 최악의 삶이 될 것이고
마음을 비우고 덕을 쌓으면
최상의 삶이 됨을 명심하라

모든 걸 내려놓고 착하게 살아
다음 생에서는 부디
천상계에 들 수 있도록 하라
낙원은 언제나 열려 있다